丁振宇◎著

微历史

秦朝其实很有料

北京工业大学出版社

图书在版编目(CIP)数据

微历史.秦朝其实很有料 / 丁振宇著. —北京: 北京工业大学出版社, 2022.1

ISBN 978-7-5639-8167-0

Ⅰ.①微… Ⅱ.①丁… Ⅲ.①中国历史–通俗读物②中国历史–秦代–通俗读物 Ⅳ.①K209

中国版本图书馆 CIP 数据核字(2021)第 228476 号

微历史——秦朝其实很有料

WEILISHI——QINCHAO QISHI HEN YOULIAO

著　　者：丁振宇
责任编辑：尹　航
装帧设计：天下书装
出版发行：北京工业大学出版社
　　　　　(北京市朝阳区平乐园 100 号　邮编：100124)
　　　　　010-67391722(传真)　bgdcbs@sina.com
经销单位：全国各地新华书店
承印单位：北京柯蓝博泰印务有限公司
开　　本：787 毫米×1092 毫米　　　1/16
印　　张：11.5
字　　数：115 千字
版　　次：2022 年 1 月第 1 版
印　　次：2022 年 1 月第 1 次印刷
标准书号：ISBN 978-7-5639-8167-0
定　　价：45.00 元

前　言

　　微历史，即用"微博体"的形式讲述历史。微博的特点是短小、及时，适于传播。微博作为一个便捷的信息分享与传播平台，对于记录历史，同样是一个好工具。当今社会生存竞争激烈、生活节奏奇快，许多的人们没有时间、精力，也没有耐心静下心来阅读冗长繁杂的历史巨著，因而造成当下人们尤其是年青一代历史知识的匮乏。

　　"微历史"的出现，除了"微时代"大环境的推动之外，更是民众自身的一种诉求。因为它将"微博体"与历史事实进行了有机的结合，在有限的字数里以精当的内容浓缩精华，言简意赅，字字珠玑，为广大读者提供了一种新的解读历史的方式。无须非常集中的阅读时间和持久专注，无须专门的历史或理论素养，茶余饭后，公交车上，花五分钟翻阅一下，就会收获良多。

　　春秋战国时代有着无数精彩纷呈的历史瞬间，秦国无疑是这一历史进程中的一枝奇葩。秦国的崛起之路、始皇帝的卓越成就等都给后人留下了无尽的思考。在始皇帝建立起统一的封建王朝之前，虽然也曾经存在过夏、商、周等相对统一的国家，但是无论从民族形态、政治结构，还是社会经济形式来看，都不是真正意义上的统一，更没有形成封建专制主义的中央集权国家，从而限制了生产力的发展。应该说秦国统一中国，顺应了历史发展的规律，而中国自秦始皇始，封建帝制也确立下来，一直沿用到清代。

秦国最初是非常落后的一个小诸侯国，从秦孝公开始施行商鞅变法以后才逐渐崭露头角，秦国自惠文王之后的国君都具有在现实基础上持续发展的头脑，都保持着居安思危的清醒、顺应历史潮流的睿智，最终在几代国君的持续努力下，实现了中华民族的第一次真正统一。在这个艰难的过程中，涌现出了秦惠文王、昭襄王、庄襄工、始皇帝嬴政等众多贤明国君，也出现了诸如范雎、李斯、韩非、吕不韦、蒙恬等大量风流人物。

秦国的兴衰历程虽然短暂，但充满了智慧和勇气。在那个风云际会的年代里，过程虽然复杂混乱，脉络却很清晰明了。

秦国所走过的精彩历程已经永远成为历史，但历史中的经典，我们可以通过一种特殊的方式去回味。本书就是以"微博体"的形式，用诙谐幽默的现代语言为我们叙述了自商鞅变法那一刻起直至秦国灭亡的那段历史，使我们重温那些或悲或喜，或惊或忧，或轻松或沉重的历史片段，感受历史的丰满和厚重。

目 录

第 一 章

秦起始篇
——没有人能随随便便成功

　　公元前356年，商鞅开始变法。

　　公元前350年，商鞅开始第二次变法。

　　公元前338年，商鞅被车裂。

　　公元前306年，秦昭襄王继位。

　　公元前265年，安国君成为秦国继承人。

　　公元前265年，嬴异人去赵国做质子。

　　公元前260年，长平之战开始，白起坑杀赵军四十万人。

　　公元前259年，嬴异人在吕不韦的帮助下，被立为安国君的继承人。

◇ ◆ ◇ ◆ ◇

　　大秦帝国是中国封建社会的开始，而大秦的开国皇帝秦始皇嬴政更是闻名于世的"超级历史明星"。每个人都想了解秦国这个首开先河的封建制国家，了解嬴政和大秦的故事，那就要从秦孝公时期说起。

　　秦孝公执政时期，商鞅可是当时的名人，是地地道道的官二代。他原名卫鞅，为卫国公族之后，后来被秦孝公封于商，后人称之为商鞅。商鞅从小志向远大，虽然家世显赫、衣食无忧，但仍然坚持闻鸡起舞，苦读诗书。最终他不负自己的努力，成了战国时期著名的政治家、思想家。

　　商鞅以李悝、吴起为偶像，学习劲头十足，尤其对法学抱有浓厚的兴趣。他博览群书、博采众长，然后又拜当时的魏国相国公叔痤为师，到魏国学习。在公叔痤的教导下，商鞅更加努力，经常得到老师的表扬。商鞅这样的学习精神，为他以后和秦孝公的亲密合作打下了理论基础。

　　商鞅刻苦的学习精神和过人的天赋让公叔痤非常欣赏。公叔痤一再告诉魏惠王，商鞅已青出于蓝而胜于蓝，绝非池中之物，如果能用就用，实在不能用就一定要把他杀掉。而魏惠王却觉得公叔痤是故意吹捧商鞅，并没把他的话放在心上。于是，商鞅在怀才不遇的境遇下离开魏国，去他国寻找赏识他的"伯乐"去了。

　　自古有大志者往往惺惺相惜，商鞅在寻找伯乐，秦孝公恰好也在寻找千里马。商鞅毛遂自荐，一番交流之后，秦孝公认为此人就是自己寻找的千里马，于是决定让商鞅在秦国一试身手。经过短期磨合，秦孝公与商鞅抱定了共同志愿：为了秦国的繁荣富强，奉献青春与热血。

　　秦孝公是个有民主意识的君主：国家如果需要做重大决策，大臣可以各抒己见。对秦孝公心存感激的商鞅在一次高层会议上提出，秦国要想富强，必须进行改革。但由于商鞅提出的这些制度大都触及了贵族的核心利益，各派势力一下炸开了锅，都提出了反对意见。

　　商鞅没有气馁，他很清楚，谁反对自己的新政都没有用，只要秦孝公同意就行。果然，商鞅的新政很快得到秦孝公的批准，变法正式拉开序幕。为了彰显新制度的确立和自己的威望，商鞅在国都集市南门外立了根木头，贴了个告示说谁要是把木头扛到集市北门，就能领到现金奖励。结果有个实诚人这样做了，还真得到了奖励。

　　商鞅立木赏金的消息通过各种渠道很快传遍五湖四海，人们在羡慕嫉妒那个移木暴富的实诚人的同时，也看到了国家的信用以及商鞅变法的决心。于是，全国上下流传起了一句话：跟着商鞅走，日子越过越富有。朝廷的信誉很快就建立起来了，形势一片大好。商鞅知道，自己实施新政的时机成熟了。

商鞅虽然生活在古代，所作所为却颇有现代物权法的味道。他为了稳定民心，发展地主经济，新官上任三把火中的第一把火就是承认土地私有，允许自由买卖。虽然这一规定使中国彻底形成了地主与佃户的剥削和被剥削关系，但从当时的时代背景来看，这从法律上维护了封建土地私有制，破坏了奴隶制的生产关系，促进了封建经济的发展。

商鞅还在新政中规定奖励耕织。奖励耕织就是典型的多劳多得的分配雏形。他结合当时的生产状况，制定了一家一户生产粮食、布帛的标准，规定凡是超过标准的，免去其本身的徭役。只要肯干多干，不但自己有吃有穿，还能免除徭役，大家的积极性一下子提高了，全国农业生产也因此得到发展。

战国时代，战事频繁，国家经济实力和军事实力的强弱是决定一个国家地位高低的基础，于是商鞅又制定了奖励军功的措施。在前线斩得的敌人首级多，将士的军功就大。国家按照军功大小封官赏地，哪怕是贵族，若没有立军功也没有爵位，不能享受特权。为了自己和子孙的幸福，将士们都勇敢战斗，秦军的战斗力大大增强。

要说商鞅还真是个全能型的天才，他不但在搞活经济和提高士兵战斗力方面想出了绝佳的点子，而且在国家行政机构改革方面也有着自己的想法。他最著名的举措就是普遍推行县制，具体做法就是由国君直接派官治理县，使县成为直属于国君的地方组织。当然县领导也直接由国君领导，从而加强了中央集权。

作为纯粹的国家利益的拥护者，商鞅在秦孝公的支持下风雨无阻地推行自己的变法。商鞅的新政的确为秦国的发展做出了不可磨灭的贡献，但他并不是一个成熟的政治家。他的这些做法严重损害了那些贵族和旧势力的核心利益，他们在心里恨透了商鞅。

公元前338年，秦孝公去世，秦惠文王继位。正所谓一朝天子一朝臣，很快商鞅就受到了旧贵族的攻击。贵族公子虔拿出若干证据，告商鞅谋反。

商鞅知道自己被陷害后，并没有主动辩解，他其实对这个结果早有预料，于是立刻动身逃往别国。逃亡途中的一个傍晚，他想找个旅社住下，但旅社老板告诉他商鞅规定必须出示朝廷证件才能入住，否则自己便要受"连坐"的处罚。这就是"作法自毙"的典故。

逃难中的商鞅曾想逃往魏国，但是因为他曾率领秦军攻打过魏国，魏国一直对他恨得咬牙切齿，所以将他拒之门外。无奈之下，商鞅只好重返商地。于是，秦惠文王派重兵进攻商地。商鞅虽率人抵抗，但寡不敌众，还是失败了。商鞅被杀于郑国渑池，其尸体被带回秦国，后经审判被处以车裂之刑。

商鞅死后，虽然那些痛恨他的人依然在公开场合骂他，但他创造的秦国的新制度并没有被废除。那些"老古董们"也渐渐习惯了这种制度,毕竟这种新的制度也实行了一二十年,已经深入人心,况且商鞅的这些制度的确能让秦国国富民强,利于经济发展,商鞅之死不过是让他们出口恶气罢了。

秦国是个善于总结经验的国家。商鞅死后,他们通过检视自身的不足与缺点,采用循序渐进的办法,坚持经济制度改革和机构改革,并以达到和超过战国其他大国、实现超级大国为目的,储备了很多金银财宝,成了战国时期的强国。

赵国和魏国看到秦国实力日益强大,心生嫉妒,也开始有模有样地进行国内改革,并谈判组织联合体。但由于赵、魏等国家都想掌握组织话语权,所以他们虽然共同合作,其实都有着自己的私欲,都想成为联合体的实际控制者。在这样的情况下,各国之间斗争不断,关系分分合合、合合分分。

在这种背景下,战国时期著名的合纵、连横初现端倪。合纵的最早发起人公孙衍与连横的代表人物张仪恰好同为一国人。公孙衍,魏国人,最初任于魏国,后前往秦国参军,并受封大良造。但没上任多长时间,秦惠文王就在他与张仪间选择了张仪,从此公孙衍与张仪结下冤仇。公孙衍无奈只好返回魏国,魏惠王不计前嫌,让公孙衍出任魏国的要职。

秦、齐、楚结成协约国的同时,魏、韩、赵、燕、中

山五国结成军事同盟国。他们承诺互相承认王位，史称
"五国相王"。五国结盟后，齐国开始担心五国的强大对自
己不利，其实这完全是杞人忧天。

齐国认为中山国地盘太小，不能称王，中山王便马上
令自己的手下张登带着重金向齐国权臣田婴求情。田婴拿
了好处，就同意了中山国称王。同时，张登又采用了"胡
萝卜加大棒战术"去游说赵魏两国。赵魏两国听信了张登
的一面之词，逐渐对齐国恨之入骨。

齐国通过各种阴谋诡计一直想破坏同盟国的军事同
盟，却都没有得手。最后，为了击败五国同盟，楚国直接
派兵攻打魏国。楚国本来就是当时的强国，军事实力之强
岂是魏军所能承受的？入侵的楚军很快就把魏军打得丢盔
弃甲，魏国接连损失了好多地盘，魏惠王苦不堪言。

为了使魏国臣服于秦国，张仪于公元前322年辞掉秦国
相位，前往魏国。很快魏惠王就被他哄得团团转，真把自
己当成了一代明主。魏惠王让张仪出任魏国的相国，而公
孙衍不但被罢官，还被驱逐出境。

但公孙衍也不是吃素的，他利用自己的优势跑到各国
宣传张仪的卑鄙行径。而此时，齐秦的一场战争，秦国大
败，使张仪的连横策略受挫。另外，公元前319年，魏惠王
去世，魏襄王继位，继位的魏襄王更倾向公孙衍的合纵，
便又迎公孙衍为相。之后，几个国家也纷纷跳出来支持公
孙衍。公孙衍因祸得福，获得了五国相印。

出于对强大秦国的嫉妒和恐惧，公元前318年，魏、

赵、韩、燕、楚五国组成多国部队联合攻秦。然而可笑的是，到最后实际参与交战的只有魏、赵、韩三国。结果可想而知，三国联军刚到函谷关，就被秦国打败，次年再战又败于修鱼，被杀八万余人。

张仪在秦国任相国时，秦国已经呈现出一派欣欣向荣的景象。看到各国都已称王的时候，自大的秦国国君却一心想要称帝，但又害怕天下人反对，便拉拢齐王一块儿称帝。齐国当然高兴，立刻答应下来。齐、秦称帝以后，便商量着侵略赵国，对其进行瓜分。

苏秦是燕国谋士，燕国与赵国相邻，秦、齐攻赵势必要对燕国不利，而弱小的燕国根本无法在军事上和秦齐两国抗衡。为了化解这个即将到来的危险，苏秦以两国称帝为突破口，去游说齐王，瓦解秦齐两国联合。在苏秦三寸不烂之舌的劝说下，齐王听从苏秦建议，不再称帝。齐国不称帝，秦国也只好继续称王。

作为谈及战国后期历史时不可忽略的重要人物，苏秦的身世极为简单。他出身贫苦，偶然间得到了鬼谷子的赏识，便跟随着这位奇人学习了纵横捭阖之术。这种纵横捭阖之术，虽然不能让人像将军一样驰骋沙场，也不能让人像剑客一样一剑封喉，却能"一怒而诸侯惧，安居而天下熄"。

苏秦学有所成后，为了能够施展自己的才能，便开始在各地周游，望得到一丝机遇以便得到某位君王的认可。他先后去了楚国和秦国，自信地告诉这些国家的君王自己能助他们成就大业，结果都被人当众轰走。

急于施展才华的苏秦由于锋芒毕露，虽是一匹罕见的千里马，却遇不到伯乐。怀才不遇的苏秦便整日以锥刺股来不停地激励自己。后来，他又到了燕国，终于得到了燕文公的赏识。

秦昭襄王和齐湣王相约称帝事件后，苏秦意识到两个大国之间已经达成了某种共识，不管他们如何协商，强强联合的结果都是会形成超强的垄断集团，这对其他各国，尤其是燕国这样的小国的发展是极其不利的。

权衡利弊之后苏秦请求出使齐国，他想挑拨齐秦两国，瓦解两国间的同盟关系。在燕王的支持下，苏秦最终圆满地完成了劝说齐湣王的任务，实现了给齐秦两国之间制造裂痕的目的。可苏秦的宣传让其他国家彻底了解了秦齐两国的野心，结果带来了战国彻底的混战。

在苏秦三寸不烂之舌的劝说下，齐湣王放弃了称帝。不过齐湣王却不是个厚道人，他很有政治想象力，认为可以利用称帝一事好好打击一下秦国。齐湣王通过各种渠道宣告其称帝一事是受了秦国的逼迫，事后自己也追悔莫及。他假意替周天子打抱不平，现身说法，还原真相，将秦国的狼子野心昭示天下以此想联合诸侯国声讨秦国。

但齐湣王根本没有意识到他面临的诸多困难：首先，秦国的实力与齐国相当，一旦二者相对抗容易形成两败俱伤的局面；其次，各国情况复杂，而齐国地理位置特殊，攻秦必须借道别国，这些国家未必对齐国大军放心。

其实，齐湣王借为周天子维权的名义而组织成立抗秦联合军，并不是以打击秦国为最终目的，而是要抬高自己和齐国的地位。通过号召韩国、赵国、燕国、魏国同时向秦国进攻，可以增强齐国在诸侯国间的话语权。而且，齐湣王也并不是真的要同秦国开战，因为那只能增强韩、魏、赵三国的势力，这对齐国并无半点好处。

得到齐湣王的召唤，韩、赵、魏三国都赞同跟随齐湣王攻秦。他们都懂得跟随一个强国去攻打另一个强国，肯定比同时受两个强国的欺凌要好。况且如果秦国遭受了重大打击，综合国力肯定会倒退，此消彼长等于给了他们更大的生存空间！

而作为挑拨秦齐两国关系的发起者和实施者，燕国更是有着攻秦的理由和需求，当然也支持齐国攻秦。如果齐国胜利了，作为战胜国方燕国肯定能分得一杯羹；如果秦国有能力展开反击，齐国惨败，而燕国和秦国的领土并不接壤，根本不用担心秦国的报复。参加这样的军事行动，燕国怎么会不同意呢？

然而攻秦大军由于是利益的结合体，这场联合行动刚开始，各国就都打起了自己的小算盘。五国联军和秦军耗了一段时间后，进攻的、观望的、拖后腿的都出现了，步调难以统一，因此也没有什么成效。韩、赵、魏最终也头脑清醒过来了，长此以往，不但没有利益可言，反而会得罪秦国。因此，五国联盟开始同床异梦。

赵国最先预见了五国联军必然失败的结局后，便派遣重臣与秦王进行了秘密会晤。会谈中赵国回顾了秦赵两国的传统友谊，坦明这次联合攻秦是受齐国威胁的糊涂行为，而赵国是无辜的。为了表示诚意，赵国愿意在五国联军中做秦国的内应，配合秦军的反攻军事行动。

面对赵国在对抗中向秦国示好的行为，诸侯国间颇有微词，但为了保证自身的利益，赵国只有挑拨秦齐之间的矛盾。

其他的国家听说赵国与秦国结盟后，一边谴责赵国的不仗义，一边效仿赵国去跟秦国接洽，这便彻底地瓦解了五国联军的战斗意志。五国联军正式解散，齐国也在这次攻秦中和各国结下了怨恨。

五国联合攻秦的闹剧最终以失败而告终。虽然这次联合攻秦并没有给秦国带来任何实质性的损失，但秦昭襄王仍感到自尊心受到了伤害，因此一直对齐国怀恨在心。

战国时期与秦国有关联的战争频繁发生，时间竟持续了长达八十年之久。不仅如此，战国时期战争的残酷性更令人心寒，战败国动不动就会有万人被坑杀。

公元前284年，经过三年的精心准备，在秦昭襄王的威逼利诱之下，秦、韩、魏、燕、赵、楚六国联军，正式向齐国开战。

在六国伐齐之前，秦国做了详细的战前分析，总结了上次齐国伐秦失败的原因，最终认定是齐国的信心不够坚定才导致了联军的离心离德。秦昭襄王吸取了齐国失败的教训，主动放弃了联军的主导权，推举燕国的大将乐毅为联军总司令，并表明了秦国攻齐的坚定态度。

　　在联军伐齐战前，秦昭襄王代表各国诸侯王做了讲话。在表明秦国在此战中的决心之余，他还引用上次联军攻秦的失败战例，侧面警告各国要齐心协力，步调一致，每一位将士都要在此战中不遗余力。秦昭襄王的话使各国免除了后顾之忧，都齐声表示愿意"甩开膀子"跟着秦国干。

　　此次秦国组织的联军实力不容小觑，军中将星如云：燕国的乐毅、赵国的廉颇、秦国的白起……这些将领的加盟可以说是战国时期的最强联合。反观齐国，长年的征战令将士们非常厌战，国内经济疲软，综合国力不断下降，外交更是一塌糊涂。因此这场战争还没开始就已经分出了胜负。

　　联军雄赳赳、气昂昂，挥师东进伐齐。正如战前指挥部的预料，齐军在济水对联军进行了疯狂的阻截。齐国处在东部的平原地带，通晓兵法中据险而守的道理，可是国内并无大山大川之险可以阻隔敌人，只有济水还勉强算得上有险可依，因此齐国在此集结了全国绝大多数的兵力，誓死坚守这最后的防线。

　　决定战争胜负的因素是多种多样的，其中人心齐是战争胜利的关键因素。齐军本来就反感战争，这次为了保卫家园，有心抗敌，但是心有余而力不足。联军全体将士士气高涨，在乐毅将军的率领下，强攻济水并取得了胜利，而在济水西岸防守的齐国部队全军覆没。

　　由于齐国在济水之战中投入了绝大部分的兵力，战败后的齐国军事实力几乎消耗殆尽，很难再对六国构成威胁。然而韩、魏出于对自己国家利益的考虑，打起了退堂鼓。秦楚两国也想保存齐国的实力来牵制其他几个小国，于是六国"就地分赃"后撤兵回国了。

齐国看到联军解散回国后，长舒了一口气，以为躲过了此劫，却不曾想到联军虽然解散了，但联军中的燕国并没有撤兵。这次六国行动，作为联军首领的乐毅不愧为军事方面的专家，他有着对战局、时事敏锐的洞察力，他没有随其他国家退兵，而是上书燕王，建议燕国痛打落水狗，继续对齐国进行打击。乐毅知道，六国伐齐只是打击了齐国的有生力量，但齐国的家底还很深厚，百足之虫死而不僵，如果不巩固战果、乘胜追击，等到齐国喘口气之后，肯定会对参战的各国做出难以预料的报复。

燕王与乐毅不谋而合，也认为这是燕国崛起的大好时机，就下令乐毅全权做主，乘胜彻底击垮齐国的有生力量。于是，乐毅在其他五国退兵之后，率领燕军一举拿下齐国的七十多座城池，攻到了齐国的首都临淄，吓得齐王落荒而逃。最后在多国斡旋和国内政治因素的影响下，乐毅被迫率军回国。此次燕国单独攻齐虽没有完成灭亡齐国的使命，但也彻底动摇了齐国的根基，齐国从此一蹶不振。

作为齐国的相国，田单时刻都没有忘记要向燕国复仇。公元前279年，田单终于找到了机会。这一年燕昭王逝世，燕惠王接任统治。燕惠王与国家重臣乐毅有嫌隙，田单听说后，略施小计，燕惠王便自折羽翼，将乐毅给辞退了。齐国攻打燕国的时机成熟了，田单对将士们进行了动员，要他们破釜沉舟，一洗前耻。

在田单的煽动下，齐国上下一致要求攻燕。等到时机成熟后，田单就集中了一千多头牛，在牛身上画上迷彩，牛角上绑上尖刀，开战之时又在牛尾上点火。可怜的牛疼痛难忍之下，发足狂奔，冲入敌阵。接着五千"牛仔"也奔入敌阵，狂杀乱砍，大败燕军。随后齐军又乘胜追击，之前沦陷的七十余城尽皆收复。

秦昭襄王在接替父亲成为秦王时，发现母亲宣太后是自己主政的最大阻碍。宣太后是个权力欲望旺盛的女人，时常搞幕后操纵，不让秦昭襄王掌权。况且宣太后在当时的秦国很有话语权，虽然没有经过法律的认可，但她的确是大秦真正的主人。

历史上王位的传续是一件非常严肃的事情，一般是按照父死子继、无子弟承的传统进行的。可宣太后竟滥用自己的影响力，不顾秦昭襄王的感受，强行发明了兄弟传续理论。她让二儿子泾阳君作为秦国王位的第一顺序继承人，一旦秦昭襄王去世就由弟弟泾阳君继位。自古以来，所有帝王都将自己的王位看作自己不可分割的私有财产，他们对继承人更是重视。虽说亲弟弟也不是外人，而且邻近国家也有兄弟之间传续的例子，可秦昭襄王态度坚决，只有两个字：不行。于是，秦昭襄王嬴稷因为继承人的问题与母亲翻了脸，大臣们也议论纷纷。

秦昭襄王刚刚上任的时候，西北的邻邦义渠对秦国产生了极大的兴趣。义渠本来是游牧民族，想尝试进行改革，改变自己单一的经济模式。义渠要求富裕的秦国为自己赞助生产资料，而且向秦国传话：如果路费太高，义渠可以派精兵强行去拿。

秦昭襄王听说邻邦义渠准备派精兵抢劫掠夺自己，顿时乱了方寸。他想用政治手段和平解决这一难题，但无论怎样努力都发现毫无意义。可面对居心叵测又实力强大的义渠，秦国想对抗却又心有余而力不足。

面对如此困境，秦昭襄王一筹莫展，辗转反侧多日也毫无头绪。宣太后看到儿子如此痛苦，于是决定凭借自己的能力去解决争端。在瞒着众人的前提下，她巧妙地找到了合适的渠道，凭借自己的独特魅力对义渠的首领采取了怀柔政策，最终挽救了于水火之中的秦国。

为了国家的利益，宣太后忍辱负重地与义渠首领相处了长达三十年之久，终于解决了义渠的侵略之忧，也等来了秦国的强大。秦国强大后，为了彻底洗清这段历史，宣太后先杀了义渠首领，又派兵把义渠给灭了。

义渠的问题解决后，宣太后又重提兄终弟及的王位继承制。秦昭襄王及时掌握了动态，采取了灵活机动的战略战术，结果泾阳君没有等来王位，却等来了灵位。泾阳君死在了魏国，却是秦昭襄王一手策划的。他在弟弟的灵堂里号啕大哭，假意的泪水向世人表明弟弟的死与自己无关。秦国的第一顺序继承人泾阳君死了，全体臣民都陷入了巨大的悲痛之中。然而有一个人此时此刻却激动不已，他就是秦昭襄王的儿子，刚刚被"平反"的安国君。

泾阳君死后，安国君顺理成章地成了新的继承人。政治上的得意让安国君放松了对自己的约束，一跃成为王室中的风流浪子。

安国君安逸放荡地生活，为后世不停地开枝散叶，这却造成了儿子嬴异人的痛苦。安国君的子嗣繁多，这使得有资格成为继承人的人数也大大增加了。虽然机会只有几十分之一，但竞争的激烈让嬴异人从出生开始，就不由自主地被卷进了这场你死我活的兄弟内部争斗。

那个年代，作为女人，若是精通了对付男人的手段，很多事情便会易如反掌。而嬴异人的母亲夏姬却不擅长，她也没有对安国君施展这些手段的机会。母亲帮不了嬴异人，这成了他在争宠道路上的致命伤。

嬴异人的命运在两个人物出现之后终于出现转折。这两个人一个叫范雎，另一个叫吕不韦。本来这二位和嬴异人完全是两条平行线上的陌路人，但就是他们的出现彻底改变了嬴异人的命运。

魏国人范雎比较有辩才，年轻时就凭借自己出色的口才辩倒过无数前辈精英，因此在当时也是一位知名人士。但他出身低微，在特别注重出身门第的战国时期，他空怀一腔报国情，却不能如愿以偿。

范雎一生充满了传奇色彩，他本来是魏国大夫须贾的帮闲门客，小日子过得很悠闲。一次偶然的机会随须贾出使齐国，齐王感觉到范雎是个人才，就想通过高薪聘请，挖须贾的墙脚。

范雎拒绝了齐王，得到了齐王的敬佩，却遭到了须贾的妒忌。这也可以理解，范雎作为一个布衣出身的家臣，居然受到了比身为大夫、受命为使的须贾更高的礼遇，让须贾觉得很没有面子，须贾决定除掉范雎。

须贾通过各种手段，找到了范雎的三大莫须有罪状：一是收受贿赂；二是私通外国；三是以下犯上。范雎实在不知所以。

范雎因受到须贾诬陷被投入大牢，在牢中他成功贿赂了看守才得以逃跑。被逼无奈的范雎仔细分析了形势，感到齐国和魏国都不值得他再为之奋斗，可离开后去哪儿能发展呢？纵观天下，唯有秦国最强，范雎决定到秦国去碰碰运气。

或许是上天垂怜范雎，正在他走投无路之时，恰巧秦国大臣王稽来魏国访问，顺便根据秦王的安排在魏国寻找可用之材，带回国为秦所用。范雎一个叫郑安平的朋友听到这个消息后就向王稽推荐了范雎。和王稽见面后范雎发挥自己的优势，最终成功说服了王稽。

王稽听了范雎的高谈阔论之后，不禁对范雎有些敬仰。不论什么年代，人才都是可遇而不可求的，现在能遇到这位经天纬地之才，王稽感到实属不易，于是就带着范雎秘密返回秦国。

范雎在王稽的安排下从魏国成功到了秦国，但在没有正式身份之前他依然小心翼翼。要知道当时的范雎是魏国的逃犯，而且由于种种原因暂时还没有和秦王正式接触，如果被人发现他是魏国逃犯，肯定会被抓回国，秦国肯定不会因为他去得罪魏国。

最终范雎虽然在王稽的努力下，在秦国有了正式身份，不过秦王一开始根本没把范雎当回事，一直没有召见他。不久，范雎听说秦国准备派穰侯魏冉外出打仗，就托人给秦王捎了句话："听我一言，定能安邦定国。"秦昭襄王感觉这人有点意思，就接见了他。

范雎刚到秦国就通过各种渠道得知秦昭襄王实际上有名无权，是典型的傀儡一个，所以一进殿就嚷嚷着说："秦国怎么会有王啊，秦国只有宣太后和穰侯啊！"这句话无疑像一把尖刀戳中了秦昭襄王的心窝，他听了心里只叹无奈，也对范雎有了新的看法。

古人云：家家有本难念的经。秦昭襄王作为帝王也未能免俗。秦昭襄王虽身为一国之君，国家大权却握在母亲和舅舅手里。宣太后和穰侯把持朝纲，嫉贤妒能，把朝堂弄得乌烟瘴气。

范雎首先向秦王分析了自己对国内外大事的看法，尤其是对秦王目前的处境进行了分析，并暗示自己有能力解决他的这些烦恼。范雎的话句句说到了秦昭襄王的心坎上，秦昭襄王激动得当即给范雎封官晋爵。从此二人开始了他们的黄金搭档期。

范雎凭借实力终于取得了秦昭襄王的信任，可如果想在秦国站稳脚跟，必须要清除异己。他对秦昭襄王说：
"大王顺民心、得民意，如果采取正确的治国方针，肯定
能成就霸业。可现如今穰侯不为大秦着想，导致秦国内忧
外患，目前只有采用紧急措施，才能让国家走上正常轨
道，不要再因政策失误让国家受损了。"

秦昭襄王采用了范雎的方针果然攻无不克、战无不胜。
渐渐地范雎得到了秦昭襄王的信任，在秦国站稳了脚跟。
于是，范雎觉得排除异己的时机成熟了。

秦国政治集团中外戚力量强大，其中穰侯是外戚集团
中最活跃的分子。作为秦昭襄王的亲舅舅，他长期担任秦
国的相国，结党营私，独占国家行政资源。这还不够，为
了累积自己的私人财产，他多次擅自做主对外派驻军队，
并让国家买单。

作为秦国的国君，秦昭襄王其实非常清楚，但国内事
务中他没有权威，也没有话语权，外交事务中他虽然多次
公开表态，可惜说了也不算数。

秦昭襄王很想改变自己有职无权的状况，经过几许思
量，他悟到：要想突破困局，唯有广罗人才才是正道，想
要正本清源，必须组建自己的班底。这群人要绝对忠于王
权，既不能跟原来的贵族势力有内在联系，又要有跟权贵
对抗的能力。善于把握时机的范雎此时自告奋勇，打算助
秦昭襄王一臂之力。

范雎对秦昭襄王说："我听说齐国只有孟尝君，没有
齐王。而秦国也只有太后、穰侯，没听说有秦王。身为一

国之主，很多人竟然把你的话置若罔闻，若长此以往，大王的威信必然受损，说得更严重点，最终秦国的姓氏是什么也很难说了。"

秦昭襄王听了范雎的这一席话之后，立刻意识到了当下形势的严重性，于是在范雎的帮助下，很快发起了一场国内政治改革。他有秩序地除掉了心腹大患，并让范雎当了自己的相国。范雎这个相国很尽心尽责，秦国各方面开始了有序发展。

为了实现秦国的长远发展，范雎根据当时的国情提出了历史上著名的政治策略：远交近攻。

范雎为秦国提出了远交近攻的战略思想，得到了秦昭襄王的支持，却被另一个人暗中生恨。原来，在战国时期，两个国家进行外交，都要交换特殊的信物——人质，以防日后有一方背弃盟约。嬴异人作为质子成为赴赵使节团的一员，范雎的远交近攻策略让嬴异人感到了末日降临般的痛苦。

嬴异人作为质子去了赵国，内心始终惴惴不安。因为赵国不仅是诸侯国中除秦国外的另一强国，还是反秦合纵联盟的领导国。嬴异人被派往赵国做质子，几乎等于将性命交代进去了。他清楚秦国与赵国之间翻脸和翻书一样，一旦开战，最先倒霉的就是自己。

其实质子的处境虽然危险，但若能活着重返秦国，那他就熬出头了。不过嬴异人当时还没有这种思想境界，他完全抱着听天由命的想法，踏上了去往邯郸的道路。然而前半辈子都霉星高照的嬴异人哪里会知道，赵国之旅给他带来了属于后半世的荣耀。

嬴异人本可以利用自己的身份，同其他国家的质子进行一些政治层面的沟通或者娱乐方面的交流，但经过几次尝试，都遭到了冷遇。原来，秦赵两国摩擦不断，随时都可能发生冲突，因此，别国质子都知晓明哲保身才是最正确的选择。另外，同为质子，他与别国的质子比起来贫富差距太大了。因为嬴异人在国内的地位不高，影响力也不大，所以秦国用在他身上的资金很少且总是不能按时到位。作为质子，代表了一国的门面，可嬴异人连最基本的形象仪表都无法顾及，自然就没有朋友了。

各国战乱纷纷，在战争夹缝中的小国卫国也难幸免。战国中期，卫国式微，渐渐变为小国，然而就是这个巴掌大的地方却涌现出很多人才，如吴起、商鞅、吕不韦等。卫国君主昏庸腐败，所以这些优秀人才纷纷出走别国。

卫国的首都濮阳在当时是个为数不多的繁华大都市，地处中原，交通便利，陆路、水路畅通无阻，所以成就了很多商人商贩，吕不韦便是其中最为典型的一个。吕不韦在春秋战国时期战乱频繁的现实背景下，生意仍然十分兴旺，这让他积累了大量的原始资本。之后由于卫国国势颓靡，吕不韦便逐渐转战邯郸、阳翟等地。

作为一个生意人，吕不韦具有十分聪慧的头脑，他意识到做生意也就只能做到吃饱穿暖，想要得到无穷无尽的荣华富贵，只有靠权力。

　　吕不韦充分发挥自己善于交际的优势，游走于各国质子之中，和他们一起喝酒、玩乐。看到吕不韦如此慷慨大方，质子们对吕不韦是有求必应。商人的精明之处就在于"烧冷灶"，吕不韦认为：质子们回国后大都能在朝廷中有一定地位，而自己也能够很快得到回报。

　　嬴异人在秦国不受宠，在赵国做质子也饱尝冷眼，而吕不韦却以商人的敏锐眼光看到了嬴异人的可利用性，他的心中默默有了一个大计划。于是，吕不韦开始和嬴异人接触，两人时常相约饮酒，吕不韦趁嬴异人酒喝至微醺状，便将自己在秦国经商碰壁的烦愁诉与嬴异人。嬴异人听后便立马表态："有什么事我肯定会竭尽全力帮忙的。"吕不韦久闯江湖，他深知虽然得到了嬴异人替自己出面帮忙的保证，但这承诺只是醉酒后的口头约定，是很难算数的。但他仍感到欣慰，因为他敏锐地感觉到和嬴异人的关系正逐渐拉近。

　　在历史长河中，声名显赫的达官贵人是一群特殊的人物，他们往往极度表里不一，吕不韦也深谙此道。于是，他在赵都邯郸达官显贵聚集的乌衣巷内修建了一座庭院，取名"红楼"。谁身份够高，能被利用的价值够大，便能在这座庭院中享受到极高的待遇。嬴异人也被吕不韦邀入其中，坐在"红楼"最豪华的芙蓉厅内，享受着纸醉金迷的生活。"生活就应该是这个样子的。"嬴异人不住地感慨。

　　随着两人的交往不断深入，很快，吕不韦发现了嬴异人身上对自己有利的一点——好控制。他开始着手实施自己庞大的计划，即通过自己高明的沟通与交往技巧，让嬴异人当上秦国的君主。如今，秦昭襄王年事已高，而太子安国君生活放荡，日渐体虚。如果将嬴异人扶持为秦国的继承人，他便能在秦国乃至整个诸侯国间呼风唤雨。

吕不韦认定自己现在需要的是权势，而嬴异人缺乏的是机会，嬴异人是自己弃商从政的切入点，只要利用好了，不仅可以收获无尽的财富，还可以赢得政治地位。他将这个计划透露给了嬴异人，在赵都受尽了人们仇视和冷落的嬴异人也感到这是命运给自己的转机，于是两人便一拍即合。而此时的秦国国内却出现了一些对嬴异人不利的局面：秦昭襄王随时都可能驾鹤西去，而秦昭襄王一死，安国君就会立刻即位，按照秦国的法律，太子在即位之前就要确立下一任继承人。如果不能在安国君即位之前成为继承人人选，那嬴异人的政治生涯与吕不韦的权贵之梦就会全部落空。

于是，为了将嬴异人扶持成秦王，吕不韦给他制订了一个为期三年的计划。首先，嬴异人为了顺利地成为大秦国的第一顺序继承人，在吕不韦的协助下一改往日的羞涩和自卑，开始广结各国的有志之士，构建庞大的人脉网络，树立他在赵国及秦国的形象，从而充分利用舆论的影响力来抬高自己，扩大自己的政治影响力。

其次，吕不韦用重金为嬴异人打造了一个全新的形象：穿华服，乘镀金的马车，每次出门都前呼后拥，一改往日"贫困"的形象。然而吕不韦知道形象工程只能造就虚假的外表，于是他又用嬴异人的名义到处送礼，并做出了周济贫民、大搞慈善等一系列惠民举措。于是，嬴异人的生活发生了翻天覆地的变化，所有人对他的评价不再是暴秦的落魄王孙，甚至连连称赞他。在众人的称赞下，嬴异人开始头脑发热，飘飘然不知所以了。而吕不韦非常清楚他的目的不是让嬴异人过上优越的生活，而是通过此举让嬴异人成为大秦的继承人，并接受自己的摆布和控制。

为了让嬴异人实现对自己的承诺，吕不韦安排自己的舞姬赵姬潜伏在嬴异人身边。嬴异人很快被赵姬的万般风情迷倒，将其纳为己有。

千里之外的秦昭襄王通过各种渠道对嬴异人在赵国的言行举止进行了全面的了解，没想到一向形象不太好的大秦如今出了一位贤名远播的王孙，秦昭襄王感觉虚荣心得到了空前的满足。得到了秦王的重视，嬴异人也备受感动，他痛哭流涕达一日之久，不为钱财和荣誉，只为第一次得到了国家和亲人的尊重和认可。

然而好景不长，他们刚刚取得了一点成功，前进的道路上就出现了波折。秦国和赵国准备开战了！而作为秦国质子的嬴异人最怕的就是秦赵交恶。秦赵一旦开战，嬴异人的处境将极其危险，甚至性命难保。一时之间，嬴异人发现他的生活又回到了以前的状态，又成了过去不受待见的分子，人们都躲着他走。

战国七雄中的韩国几年来由于种种原因，日子一直不太安稳。原本都城在晋地，后来为了便于向中原地区学习，就迁都到了河南。然而迁都的副作用立刻就显现出来了：韩国对上党地区的统治能力变弱。秦国见机，决定采用大规模的军事行动，强行占领这块土地。秦国派重兵封锁了韩国与上党地区的交通和通信联系，使上党地区彻底失去了与国都的联系，成了一片孤地，而韩国却毫无办法。

弱小的韩国不敢与秦国抗衡，于是让上党地区的百姓自行决定是战是降。上党地区的郡守冯亭是个"硬骨头"，他决定带领上党的百姓奋勇抗战，绝不投降。上党危急，郡守冯亭急中生智派人给赵孝成王送去鸡毛信，信里面写着：赵国和上党地区百姓有着传统的深厚友谊，上党地区的百姓一向敬佩赵孝成王的治国之术，羡慕赵国百姓安居乐业的生活。现在上党被韩国抛弃，又面临着秦国恶霸，而百姓们都一致同意跟随赵王，永世不变。

此时的赵孝成王正在宫内做着富民强国的春秋大梦，突然收到冯亭的来信，而信中冯亭对他政绩的称赞更是让他心花怒放。上党地区百姓的意愿让赵孝成王感到自己肩负的责任，况且秦国费尽心力都没有将上党攻占下来，如今人家却愿意无条件地跟随他，这是对他统治的肯定。赵孝成王的虚荣心得到了极大的满足，于是他心动了。

然而激动过后，他开始冷静地分析上党的周边局势和上党地区的边界冲突，这本身是韩秦两国的矛盾，一旦接手上党，就等于把韩秦的矛盾转嫁到了赵国的身上。值不值得为此跟秦国相冲突呢？于是，赵孝成王请来了平原君共同商计。

赵国宰相平原君，是战国时期的四大公子之一。当他听说上党地区自愿跟随赵国时，也禁不住这么大的诱惑，于是立马点头赞同了。赵孝成王对上党郡守冯亭率众归附赵国本就心动不已，再加上平原君的支持，于是顾不上再与大臣商量，就直接回信答应了冯亭的请求，慷慨地表示愿意与上党百姓共同抵抗秦国的侵略，让他们安心地依附于赵国。于是，赵国引爆了长平之战的火药桶。

赵国不费吹灰之力占得了上党。为了兑现当初许下的保卫上党的承诺，赵国命大将廉颇率领大军前去驻守。于廉颇而言，上党只是赵国的一个国外军事驻地，而非赵国的领土，因此廉颇选择了在后方长平安营扎寨，以便战争开始时最大限度地保存赵国的力量。

秦昭襄王在上党之战中耗费了几年的时间和财力物力，眼看即将成功，却被赵国轻而易举收入囊中，真是"是可忍孰不可忍"。于是，公元前260年，秦国调动了几十万大军，在王龁的率领下向上党进军。

廉颇的战术被秦军看破后，王龁所带领的军队在短短几个月的时间内就攻占了上党大大小小十几个城池。赵国对上党的承诺几乎成了一纸空文，而秦国控制了长平之外的上党地区。

赵军在上党的不作为，使秦国军队很快打败了韩国在上党的残兵败将，顺利到达廉颇驻扎地长平附近。原本赵国以为秦国不会为了上党而与他们撕破脸，然而为了巩固秦国的既得利益，秦昭襄王立即给王龁下令，让他击溃长平驻守的赵军，完成占领上党的全部任务。如此，长平之战正式拉开了序幕。

王龁收到秦昭襄王的指示后，迫不及待地率兵赶往长平。廉颇此时在积极寻找破敌的良策。他见秦军势不可当，就在长平修筑营垒，坚守不出，不跟秦军直接交锋。这一战术非常成功，秦国军队巨大的消耗让秦昭襄王的战斗信心有些动摇。

而范雎却由此设计了一出反间计，他派人到赵国暗地宣传：廉颇老矣，不足畏惧，秦军现在最惧怕的是名将赵奢之子赵括，如果让赵括来统率赵军，秦军将日日惴惴不安。消息传到赵孝成王那里，他果真相信了，便召回廉颇，让赵括当将军。

蔺相如听到消息后极力反对，但赵孝成王认为蔺相如和廉颇私交深厚，所以才维护廉颇，便没有理会蔺相如。赵括的母亲也找到赵孝成王反对让赵括当将军，赵孝成王则认为赵母是担心自己的孩子在外面征战辛苦，于是简单应付几句了事。

其实这两个人强烈反对赵括替代廉颇的真正原因是：蔺相如反对，除了跟廉颇关系深厚之外，主要是因为他深知廉颇的能力；赵括的母亲反对，也是因为再也没有人比她更了解赵括的能力。但由于廉颇的战术本身就不对赵孝成王的胃口，再加上赵括谈起兵法时口若悬河，于是赵孝成王坚持了自己的意见，一纸调令，赵括便走马上任。

赵括凭借自己对兵法书籍孜孜不倦的苦读，和别人辩论起兵法时无人能比，因而在兵法理论界声望很高。赵孝成王大胆起用新人，他相信自己是伯乐，而赵括一定是一匹千里马，肯定能给自己带来惊喜。事实上，赵括最终确实送给了赵孝成王一个大大的"惊喜"——四十万赵兵被活埋。

赵军主帅换成了赵括后，秦国也令白起接替王龁成为秦军的主将。为了不引起赵括的警惕，秦昭襄王还特地下令，任何人都不能将白起担任主将的消息透露出去，违令者将依法论处。白起担任秦军主将后先是对赵括做了一番彻底的了解，他依据赵括为人鲁莽轻敌、高傲自恃的特性，决定采用示敌以弱、诱敌深入的战略。

在交战过程中，白起故意装败逃跑，然后在逃跑的过程中，巧妙布置了纵深的包围圈，使赵军成为瓮中之鳖，从而将敌人一网打尽。赵括虽读尽军事书籍，但也只会纸上谈兵，当理论家在战场上碰到了实战家，结果可想而知。赵括以为敌军不堪一击，殊不知理论与实战间差距悬殊，最终赵军被分流后各个击破。

赵括被杀，赵军失去了主心骨，在秦军"投降就能吃饱饭"的巨大诱惑下，饿得头晕眼花的赵军再无心恋战，四十万大军归降了白起。然而赵军没想到白起出尔反尔，等待他们的不是用以填饱肚子的食物，而是被活埋坑杀的结局。

白起的凶狠残暴令人发指。不仅如此，还有两百多名小孩被割耳断肢。秦军把他们放回赵国，想借此震慑赵国百姓，令其不战而降。然而，赵国百姓看到那些被摧残的孩子，均大怒，不但没有表现出怕秦国的样子，反而更加坚定了捍卫脚下土地的决心。于是，仇恨的种子在赵国百姓心中彻底生根发芽。

秦昭襄王是个具有开拓性的人才，他组织并领导的长平之战是中国由分裂走向统一的关键战役。此战一举摧毁了赵国的有生军事力量，奠定了秦国超级大国地位的基础。作为史上罕见的如此规模宏大的战争，长平之战毫无疑问地被载入史册。

白起在长平之战中取得的傲人战绩太过耀眼，战争中的胜利让他的威望得到空前的提高，他已经掌握了秦国军队的实际领导权。然而功高震主，秦昭襄王在白起身上已经察觉到了危险的气息。根据白起的远大宏图，如果让他占领了赵国，他就有了赵国这个控制实体，便很有可能会拥兵自重，自立为王。所以，秦昭襄王考虑到，以白起的能力和感召力，如果不加以控制是会出问题的。

范雎作为秦昭襄王的军师，当然明白秦昭襄王所烦之事。在白起要求灭亡赵国时，他马上跳了出来，声援秦昭襄王，反对白起。秦昭襄王不愿意让白起攻赵，有私心的范雎更不愿意白起接着攻打赵国。原因很简单，白起的成功令范雎担忧，害怕影响自己的地位。俗话说"一山不容二虎"，所以范雎决定要除掉白起。他以战乱会殃害百姓为由劝阻秦王不要再继续对赵国用兵，而此言正合了秦王的心意，于是下令让白起带军队回来休整。

公元前259年起，白起的军队一直磨刀霍霍，准备进攻邯郸，无奈一直没有等到秦王的出兵令。得知是范雎进言不让出兵，白起便对他恨之入骨。

秦昭襄王和范雎拿百姓当借口，终于成功解除了白起的威胁。白起回国后心灰意懒，于是他向秦昭襄王请了个病假，专心写长平回忆录去了。

长平之战胜利了，秦昭襄王自然是高兴的，然而当赵国军士被白起坑杀四十万的消息传到邯郸后，赢异人明白，四十万颗人头的账，赵国肯定要记在他的头上。然而赵国考虑的是，长平之战后，赵国的精锐部队尽毁，不能因为赢异人在军事上再与秦军硬拼，而秦赵两国正在议和，秦国作为强国，外交方面肯定占主动地位，这赢异人也算是个筹码。于是，在一系列政治因素的影响下，赢异人暂时安全了。

安国君也从秦国来信了，信里面说不久后赢异人即可获得自由。此后的日子，就如同信里所说的那样，赵国果然放松了对赢异人的管制。消失了许久的吕不韦又找到赢异人，重商合作事宜。赢异人将安国君的书信拿给吕不韦看，吕不韦从来信中发现了秦国对赢异人的重视。为此，吕不韦决定亲自往秦都咸阳走一遭，趁热打铁，早日将赢异人扶上正位。

秦国太子安国君有繁多子嗣，然而与结发妻子华阳夫人却久久无嫡子。为了能让赢异人成为安国君的第一继承人，吕不韦组织策划了一个庞大的"认母"计划。华阳夫人想要个儿子，但她能否看得上嬴异人呢？吕不韦认为首先得在"孝"字上做文章。

嬴异人不愧为贵族出身，他很快就显现出自己知性的一面。他在自己的房间里设起了香案，每天为远方的亲人祷告祈福。耐人寻味的是，他每次都把华阳夫人的次序排在自己母亲的前面。每当有人问起原因来，嬴异人就会流着泪说，华阳夫人没有孩子，今后如有机会再回到祖国，一定要好好孝顺她。

远在赵国的嬴异人对华阳夫人的孝顺在吕不韦的刻意安排下很快就传到了秦国，消息成功传到华阳夫人那里后，华阳夫人对这个印象不太深的儿子产生了好感。她不仅亲自给嬴异人写信表示感谢，还赠给嬴异人很多物品。

"认母"计划有了成功的开始，然而到达咸阳的吕不韦却听说安国君要立继承人了。吕不韦明白这事如果为真，他所有的付出都将付之东流，于是，又花重金去打探消息。结果，安国君确实要确立合法继承人，且已选定了子傒。

子傒的母亲吴姬是安国君的宠妃，为了儿子能顺利地立为继承人，她一方面低声下气地服侍华阳夫人，而且在华阳夫人面前丝毫不露口风；另一方面，她发挥自己的特长和优势给安国君做工作。

吕不韦在得知事情原委后并没有对培养嬴异人为安国君继承人的愿望失去信心，反而认为想击败吴姬和她的儿子，并非毫无胜算，只要能劝说华阳夫人改变主意，转而坚决反对立子傒为嗣子，此事就不难了。并且要想让嬴异人成为安国君的继承人，必须让华阳夫人马上认嬴异人为自己的儿子，从而尽快让华阳夫人重新燃起争嫡的信心。一旦华阳夫人在宫中燃起后宫争嫡战火，他就可以浑水摸鱼、乱中取胜了。

可当时社会被划分为士、农、工、商四个等级，吕不韦作为商人根本无法直接接触到华阳夫人。于是，为了接触到华阳夫人，他打听到了华阳夫人姐姐的情况。她姐姐一家由于几个儿子整日吃喝嫖赌，日子过得紧巴巴的，有时还要靠借债度日。得知此事，当夜吕不韦就带着重金登门拜访。

华阳夫人的姐姐是个明白人，她明白拿人钱财替人消灾的道理，在毫不客气地收下吕不韦的大笔"钞票"后，主动提出要为吕不韦做点什么。于是，在华阳夫人姐姐的安排下，吕不韦很快就如愿以偿地得到了与华阳夫人见面的机会。

吕不韦以质子嬴异人为开场白和华阳夫人聊了一会儿，然后又热心地为华阳夫人分析了国内的局势，委婉道出了她跟吴姬之间微妙的利益冲突。最后他分析了华阳夫人将遇到的危机，并得出一旦子傒为太子府继承人，吴姬就会压华阳夫人一头的结论。

看到华阳夫人对争嫡无动于衷，吕不韦深知此次机会对嬴异人的重要性，因此又反复强调嬴异人对华阳夫人的孝顺和崇敬之情，华阳夫人听后非常高兴。吕不韦看到事情又有了转机，就不失时机地告诉华阳夫人：安国君如今的宠爱是因为她的美色，等到年老时要想继续受宠，除非母凭子贵。华阳夫人被吕不韦的话打动了。

吕不韦告诉华阳夫人：如果能从安国君的子嗣中认个儿子，那么她的儿子就是合法的嫡子，且为安国君的第一顺序继承人。一旦这孩子主持大局，肯定会对她感恩戴德、言听计从。华阳夫人听了他的分析后心动不已，于是同意了这一双赢的计划。

虽然和华阳夫人会面的目的已经达到，但吕不韦深知此事要想胜券在握，还得再借助阳泉君的力量。战国时期的权力分布格局很具有亲情观念，吕不韦想合作的阳泉君是华阳夫人的弟弟。吕不韦想借他之力，让秦昭襄王更改太子接班人人选。

吕不韦帮阳泉君分析：如果子傒立为继承人，他与你非亲非故，你自然得不到任何好处。但如果你帮助嬴异人，他作为你姐姐华阳夫人的嫡子……听到这儿，阳泉君顾不上吕不韦，就直奔王宫而去。

最终，在吕不韦的组织策划下，凭借华阳夫人和阳泉君的力量，秦国确立了嬴异人为太子府唯一合法的继承人。

第 二 章

秦国发展篇
——生逢乱世，身不由己

公元前259年，嬴政出生。

公元前259年，秦国派王陵攻赵。

公元前257年，信陵君窃虎符救赵。

公元前256年，周天子姬延号召列国攻秦。

公元前256年，周朝灭亡。

公元前251年，秦昭襄王去世，秦孝文王继位。

公元前251年，嬴异人被立为秦国太子。

◇ ◆ ◇ ◆ ◇

公元前259年正月，新的一年里最扬眉吐气的人可能就是新任秦国太子接班人的嬴异人了。而彻底改变世界格局的男人嬴政，也在这一年横空出世了。

这一年，秦赵两国经过艰苦又激烈的谈判，终于达成了一致。可没想到赵国事后感觉到秦赵谈判时签署的条约对赵国来说是不平等条约，迟迟不愿履行条约的内容。之后秦国单方撕毁条约，派五大夫王陵率兵再度攻打赵国。

王陵率二十万大军打到了赵国的首都，把邯郸围了起来。此时秦军已经占据了邯郸周边的城市武安、皮牢，这次站在邯郸城下，王陵非常得意。秦军士兵骁勇善战，且秦军装备优良，作战技术先进，后勤保障充足，再加上自己高超的军事指挥，想不顺利攻破邯郸、生擒赵王都难。想到这，王陵仿佛看到了攻破邯郸、凯旋后的轰动场景，心里着实激动了一把。

首都邯郸被围，赵国内部乱成一团。长平之战后，赵国元气大伤，一直没有走出长平之战的阴影。此时城内守军成分复杂，多是临时征来的白发军和童子军，能和秦军一拼的只剩下廉颇、乐乘这些老将了。

战争是综合实力的对抗，赵国仅靠软实力和虎狼之军秦军搞军事对抗，看起来有点悬。但抱着"坚决不能让祖辈打下的地盘毁在我辈手中"的思想，赵王坚定信心，组织有生力量进行反抗。于是在雄伟厚重的邯郸城墙上，秦军惊奇地看到一队队腰杆挺直的赵国士兵，队列整齐地进行着战前的军事演习。

王陵指挥的"邯郸攻坚战"吹响了号角，此战清楚地表现出王陵领导下的秦军先进的战略战术。他们的进攻方式合理而且有层次感，各兵种分工明确，对城墙和城门的破坏能力极强。考虑到赵国士兵的休假和休息问题，王陵还制定了专门的制度，采用人海战、疲劳战，准备一举击垮赵军。

但赵军对坚守邯郸也信心满满。老将廉颇身披重甲，像天神般始终立在城墙之上，秦国的如蝗箭雨也不能将他动摇分毫。其他人也不甘示弱，年老体弱者都争先拥上城头，包括落石、滚油、火箭之类的招都尽数使用，要坚决打退秦国的侵略。

战场上赵国军民人数虽少，装备较差，但他们凭借坚强的战斗意志，发扬轻伤不下火线、重伤坚持战斗的精神，拼命坚守邯郸。战斗持续了一个月，秦国士兵死亡人数高达数万，而邯郸城却没有攻下。

秦国看到赵国的奋起，对赵国刮目相看。但没人能够阻挡秦国前进的脚步，一贯对自己的军事实力很有信心的秦国坚信，攻占邯郸只是时间问题。于是秦国看到赵国负隅顽抗时，就增强了攻势。但明眼人一看就知道，秦国短期内根本不可能攻下邯郸，战场暂时陷入僵局。

长平之战后，秦昭襄王怕白起再立新功而居功自傲，便把他从前线召回且罢免了他的军权。秦昭襄王本以为将白起安顿好后，便可以放心大胆地攻打赵国，建立不朽的功业了，谁料想，如今虽然围困了赵国的国都邯郸，但战况却与当时的预期相差甚远。

战争久拖不下，秦王才发现白起还真是有才，没有他真是不行。为了打赢"邯郸攻坚战"，秦昭襄王欲换白起做将。但白起憎恨秦昭襄王忘恩负义的行为，对于秦昭襄王的再次起复命令，他称病推辞。

虽然白起拒绝了秦昭襄王的这个任命，不过出于对祖国的忠心，他还是说了一些对秦昭襄王感谢的话，并特意给秦昭襄王分析战局：邯郸城墙坚固，易守难攻；赵国军民有着空前的民族凝聚力；秦军战况不佳，合纵抗秦组织会出兵援赵，联手抗秦；秦军远离本土，战线太长，如被敌人乘虚而入，国家危险。综合分析，秦国此战必败。但秦昭襄王要的不是这些，他无奈又让范雎去请白起。

范雎亲自跑到白起家传达了秦王想重新任命白起的愿望，仍遭到白起拒绝。范雎没有生气，因为他感觉这是个好机会，便添油加醋地向秦昭襄王汇报。

秦昭襄王非常生气，只好派将领王龁顶替王陵去攻赵。公元前257年八月，王龁率军强攻邯郸。一个月内，城没攻下秦军却死伤过半。看到攻赵秦军失利，楚国的春申君、魏国的信陵君率领几十万大军，从东、南两个方向合围秦国，赵国也由邯郸城内发兵接应，秦军腹背受敌，被迫撤退。

秦国在多国部队的围攻下，节节败退，赵国趁机收复了河东几百里的领地。听到秦国战败的消息，白起反而对别人说出了"当初秦王不听我的计谋，结果如何？"这类的风凉话。秦昭襄王大怒，撤掉了白起所有的官职，并强令白起出兵。白起卧病在床，并未立即启程。

三月后，秦王命他即刻动身，不得逗留。白起带病上路，行至杜邮，秦王与范雎商议，以为白起迟迟不肯奉命，"其意怏怏不服，有余言"，便派使者赐剑命其自刎。

秦国轰轰烈烈地围攻邯郸的时候，最担心的仍是身处赵国的质子嬴异人。

嬴异人听到秦赵开战就害怕，作为人质，他主要是担心赵国杀掉他。原来他"活着没人疼，死了没人爱"，可现在他是大秦太子妃的嫡子，秦国未来的继承人，为了自己的生命和来之不易的地位，他决定要绝地反击。于是他找来了吕不韦商量保命之法。嬴异人先是想到给秦昭襄王写信，让他考虑自己的生命安全退兵，结果被吕不韦一口否决，理由是秦昭襄王不会因为顾及他这么一个太子接班人的性命而退兵。

　　嬴异人顿时乱了方寸，并向吕不韦承诺：如果能从赵国成功脱险，今后愿与吕不韦同呼吸、同命运、同富贵。于是，经过周密策划，吕不韦亲自设计了一个计划，决定和嬴异人一起离开赵国。

　　由于情况紧急，拖家带口可能降低逃生的成功率，嬴异人只好选择了单独逃走。逃回秦国的嬴异人正式面见华阳夫人，并改名子楚。

　　嬴子楚走了，留下赵姬和小嬴政孤儿寡母在赵国苦苦等待。

　　嬴政因为没有父亲的陪伴，从小就和母亲过着颠沛流离的生活。他在赵国备受歧视，但苦难磨炼了他的意志，锻炼了他的责任感。而赵姬虽然是个弱女子，但绝对是一个合格的母亲，为了嬴政她付出了太多太多。

　　说回秦国与赵国的战争。当时，眼看赵国首都不保，赵孝成王首先想到向楚国求救。楚国处在沿海发达地区，远离战场，实力保存得还比较完整。但楚国和秦国是军事同盟国，为了赵国的安危，赵孝成王下诏让平原君去完成这个似乎不可能完成的任务。

　　战国是个精彩纷呈的年代，人才辈出。在历史上有四个政治影响力巨大的人物，他们分别是齐国的孟尝君田文、楚国的春申君黄歇、魏国的信陵君魏无忌和赵国的平原君赵胜，时称"四公子"。

　　四公子的称号绝不是浪得虚名，他们都是国家的贵族，地位尊贵，实力非凡，除了本身的治国能力外，还特别关注民生问题。他们自费在家建立收容机构，并提供"门客"的工作，当时门客的地位得到空前提高。

平原君被赵孝成王选中出使楚国搬兵救国，无奈之下，他便想从自己资助的这些三教九流的人中挑选二十位能言善辩的死士，去帮助他劝说楚考烈王。别看这些人平时都能言善道，关键时刻符合条件的只有十九个。正在平原君一筹莫展之际，一个注定要被历史铭记的第二十人站了出来。

平原君平时日理万机，事务繁忙，对这些普通的门客都没怎么交过心，尤其这次主动要求跟随的这个人，直到他自我介绍之后才知道这人叫毛遂，其他情况一概不知。

平原君见毛遂自己主动站了出来，便问他来了几年了，毛遂回答三年。平原君说道："先生若为圣贤之辈，三年未曾被人称颂，是先生无才能也。"毛遂答曰："吾乃囊中之锥，未曾露锋芒，今日得出囊中，方能脱颖而出。"

毛遂是个很有远大理想的人，也是个厚道人。他没在乎平原君的冷嘲热讽，决定凭自己的独特本领说服平原君让自己随行，结果平原君同意了。

平原君带领赵国的求援小分队向楚国进发，到了楚国都城，拜会了楚考烈王。两个人在热情洋溢的气氛中进行了友好交谈，楚考烈王肯定了楚赵两国的传统友谊，可是在发兵救赵的事情上，任凭平原君嘴皮子磨破，楚考烈王都无动于衷，一直顾左右而言他，不正面回答。

谈判从早上一直持续到中午，毫无结果。平原君很执着，准备想办法再好好劝劝楚考烈王。可站在一旁的门客毛遂很着急。他执着剑快步走上前对楚考烈王说："赵国本来想帮楚国一把，楚国怎么扭扭捏捏这么久都犹豫不决？"

楚王被毛遂一顿嘲讽，当时就骂道："你算什么东西，这有你说话的资格吗？"毛遂听后表现出非常生气的样子，大声叫道："大王，你现在敢乱叫，只是仗着人多罢了，不过你人再多，也快不过我的剑，信不信我现在就拔剑让你死在我的面前？别把话说死，别把路走绝。"楚王吓得不敢再言语。

毛遂又讲道："当初商汤和周文王一开始都是只拥有巴掌大的一块地方，但最终他们都成就了自己的一番事业，原因就在于他们有着过人的智慧和容人的气量。目前秦国攻赵，难道就不会攻楚吗？"

毛遂为了成功打动楚考烈王出兵救赵，他告诉楚考烈王，赵国之所以向楚国搬兵，除了赵国的确需要楚国帮助外，更重要的是赵国想帮楚国洗刷两个耻辱：楚怀王被秦国俘虏，最后客死异乡；楚国的郢都被白起夺走，逼得楚国迁都。国仇家恨任何一条都值得楚国去和秦国拼一拼，而现在秦国国内空虚，正是最好时机。

毛遂凭着自己的三寸不烂之舌把楚王说得幡然醒悟，其实他时刻都没有忘记自己先人在秦国人面前受到的屈辱，可考虑到楚国与秦国的军事差距，他一忍再忍。这次几国联手攻打士气低落的秦军，胜利的把握还是比较大的，这样一来不但卖给了赵国人情，还能报仇雪耻，于是他与平原君喝了血酒，歃血为盟，然后委派春中君，率军奔赴赵国的前线。毛遂作为一个小人物，却改变了历史，因此留下了"毛遂自荐"的成语，也为无数求职者找到了主动出击的历史依据。

就在平原君劝说楚国出兵的同时，赵孝成王也给魏安釐王发出了求救信号。虽然赵孝成王对楚国救赵没有把握，但对魏国，他觉得肯定能搬来救兵，因为赵国和魏国有亲戚关系，魏国信陵君是平原君赵胜的小舅子。果然看在这层关系的面子上，魏安釐王毫不犹豫就派大将军晋鄙领兵十万前去救赵。

秦昭襄王接到线报，说魏国决定以晋鄙为主将抗秦援赵，秦国马上要面临腹背受敌的局面。为了阻止魏国援赵，秦昭襄王便派人威胁魏安釐王，说打完了赵国就去灭魏。利益当前，魏安釐王思前想后，决定让晋鄙驻守邺城，停止前进。

其实这里魏安釐王在恐惧中玩了一个花招。他并没有让晋鄙撤军，而是驻扎在前线邺城，让晋鄙随时观望战果，准备坐山观虎斗，等到两败俱伤再找机会收拾残局。

魏安釐王打消了救赵的念头之后，赵孝成王便向魏国公子信陵君求救。信陵君看到赵国的姐夫有难，如坐针毡，反复回忆往日的亲情，心里很不是滋味。

想到姐姐、外甥、外甥女都在邯郸城内，随时都有丧命的危险，信陵君失去了理智，他决定率领自己的上千门客，自发救赵，并决心去创造一场以少胜多的经典战役。

这个想法一经公布，引起强烈反响，有个叫侯嬴的门客找到了他，坚决否决了他这种疯狂想法。信陵君向侯嬴问计，侯嬴告诉信陵君，救赵的关键是要有军队，控制军队的关键是要有兵符，只要能从魏安釐王那里得到兵符，就能实现抗秦救赵的目标。

门客侯嬴循循善诱，但着急的信陵君还是不明白，高声对侯嬴说："我要是有兵符，我还用得着带手下去拼命吗？"侯嬴是个聪明人，小声地说出了偷兵符的计谋。信陵君恍然大悟，急忙挑选心腹准备秘密行事。

可派谁去呢？这时信陵君想到一个人，具体说是一个漂亮女人——魏安釐王身边的宠妾如姬。如姬的父亲被人杀害，凶手却一直没有归案，最后是信陵君手下的门客抓获的。如姬多次要求为信陵君做些什么，这次信陵君决定给她一个报恩的机会。

很快信陵君就如愿以偿地拿到了兵符，可他一拿到兵符，当即就心急火燎地要往邺城调兵。看到信陵君头脑发热，冷静的侯嬴又向信陵君献出了关键的一计，就是这一个计策让信陵君救赵成为现实。

侯嬴拦住了信心满满、冲动的信陵君，说："将在外，军令有所不受，你虽有虎符可以调动军队，但晋鄙是否相信你还在两可之间。为以防万一，你可以带上我手下的朱亥，如果晋鄙有所怀疑，拒绝执行命令，你可以一手拿着虎符,命令朱亥直接将晋鄙杀掉。"

正在邺城的晋鄙接到了信陵君调兵的兵符,果然不出侯嬴的意料,很怀疑信陵君兵符的来历,以将在外军令有所不受为由,拒不交出兵权。这时朱亥出场,一锤砸死了晋鄙。可怜的晋鄙不是死在战场上,而是被自己人杀死了。朱亥也因此成了第一个留名青史的屠夫。

虽说信陵君有时候有些冒失,但治军挺有一套。他令父子同在军队的,父亲回去;兄弟同在军队的,哥哥回家;独生子在军队的,回家侍奉双亲。如此人性化的士兵挑选机制,让信陵君的威望进一步得到提升,而且军士们感激信陵君的恩德,待在军队更加卖命了。就这样,他得到整编军士八万人。

邯郸之围中,楚春申君黄歇、魏信陵君魏无忌、赵平原君赵胜,战国四公子中出来了三个,想尽办法解除邯郸之围。赵国力量逐渐强大,而秦军长期作战导致将士疲惫不堪,最后秦军大败,两万秦军全部投降,解了邯郸之围。

客观地说,赵国能够在邯郸之围中脱困,毛遂和侯嬴功不可没。历史是非常精彩的,小人物往往能够成就大事情,有时甚至能成为改变历史格局的关键人物。

东周王朝的最后一任天子周赧王姬延即位时是个有理想没能力的热血青年,他接替掌管周朝时周王朝已经朝不保夕、内忧外困,处在岌岌可危的困境中了,地盘只有三四十座城池,治下仅仅三万多人口。反观他下属的诸侯国，随便挑出来一个，都比他实力强大。不过几十年来周赧王姬延却整日想要恢复周朝以前的威风。

随着秦国日渐强大，攻占了众多城池，眼看下一步就直指自己，已被强迁至"西周"的姬延整日忧心忡忡。当时楚国想抑制秦国势力的扩展，于是派使者请姬延以天子名义，号令各国协力攻秦。姬延大喜。

姬延先命西周公在自己的领地征召了一支五千余人的队伍，没有武器和粮草，他就向境内的富人们筹借军资，付给他们借券，承诺他日凯旋，以战利品偿还。准备好了这一切之后，姬延又向六国发出了"天子令"，约六国诸侯带兵到伊阙会合，联合攻击秦国。

姬延抱病率领五千人的大军在伊阙等了三个月，可怜这些人每天在风吹、日晒、雨淋中焦急等待诸侯军队的到来，结果却只有楚国和燕国派了几万军队，其他四国压根儿就没当回事，连个使者都没有见到，派兵更是不可能的。姬延闹了个自找没趣，只能无功而返。

富户们见军队回来，纷纷持借券向姬延讨债。姬延的王宫被人包围起来，富户们从早到晚，喧哗不止，逼他还债。

墙倒众人推，鼓破万人捶，秦国的威胁、债主的逼迫让姬延陷入了困境。姬延这次出征，一场仗没打，自然得不到战利品，让他拿什么还债？无可奈何的姬延跑到宫后的一座高台上躲债，周朝人将这个高台称为"逃债台"，这也成了"债台高筑"一词的出处。

秦昭襄王整日梦想取周而代之，现在周天子既然主动向秦国挑起战端，他当然不会善罢甘休。

公元前256年，声势浩大的秦军迅速到达了西周。平常根本没有经历过战争考验的西周公吓得魂不附体，连忙向秦军举了白旗，并将其所辖的三十六个城邑和三万人口全都献给秦国。同年，周赧王郁愤而终，国权为西周公与东周公把持。其后不久，西周公逝世，秦国轻易地获得了代表天下的九鼎，并将其搬到了咸阳，周朝灭亡。

说到九鼎，其传说不能不提。相传，九鼎为夏禹所铸，象征华夏九州，夏、商、周时奉为国宝，拥有九鼎者即为天子。成汤灭夏桀，将九鼎迁到商邑。武王灭纣，又将九鼎迁于洛阳。这象征着天子权力的九鼎，长期收藏在周王室的宗庙里。

周王室衰微以后，一些诸侯国开始觊觎九鼎。他们以为，如果得到此物，就能挟天子而号令天下，从而称霸称王。这种不谋而合的统一看法也推动了常年征战、相互争夺局面的形成。

公元前606年，楚庄王挥师北上，饮马黄河。周定王派使者去慰劳，楚庄王竟问起九鼎的大小、轻重，流露出取周王而代之的意图。"问鼎"一词由此出现，其霸气之意也自然流露得淋漓尽致。

其实秦国觊觎九鼎很久了，很长时间以来各诸侯国也都想要争夺。

一次，秦昭襄王见仅凭威逼利诱不能将九鼎占为己有，于是无望之下起了动武的念头，想用武力抢夺。由于周王室的实力无法与秦国相匹敌，于是只好向齐国求救。齐兵出，秦兵退。可是周王室万万没想到，这只不过是引来了另一只狼而已。

齐国帮周王室保住了九鼎，没想到却提出了和秦国一样的要求：想要九鼎。周天子遂派颜率到齐国"忽悠"齐王。颜率说："齐国既然说要九鼎，我本应该双手奉上，但是要把九鼎送来，必然得经过魏国或楚国。魏国、楚国那群鼠辈要是知道这件事，肯定都想将九鼎劫去。"同时周天子又"忽悠"齐王说九鼎要八十一万人才能拉动，于是齐王暂时搁置了要九鼎的念头。

周朝灭亡之后，九鼎被拉到了秦都。最终九鼎的获得，显示了秦国综合国力的强大，各诸侯国虽然不服气但也是敢怒不敢言，还争先恐后地派出专使到秦国祝贺。

获得九鼎后的秦国野心越来越大。其实，秦国之所以能在六国中脱颖而出，除了军事实力强大之外，和君主有着冷静的头脑也有很大的关系。因此，得到九鼎的秦国并没有裹足不前，统一天下的计划还在继续。

秦昭襄王是个有自知之明的人，他明白自己已经老了，总有一天国家的权力要交给接班人安国君，可儿子安国君没有足够的威信和能力统治国家。为了江山的稳固，为了秦国的大业，秦昭襄王在繁忙的公务之余，一直在清理对秦国有潜在威胁的人和事。

白起就是第一个被清除的对象，他的死某种程度上就是因为这个。

出于对白起的妒忌之心，长平之战后范雎通过自己对秦昭襄王的影响力，成功陷害了白起，致使白起含恨而死。自以为聪明的范雎其实根本没有看透白起死亡的真正原因，就在他还在为竞争对手的死而高兴的时候，范雎做梦也没有想到，同样的命运也落在了他自己身上。

白起死后，秦昭襄王仍旧按照白起的作战方案，继续进攻赵国，由于王龁攻城不利，范雎就向秦昭襄王推荐了郑安平为将。郑安平是魏国人，也是当时的名将，当年范雎落难逃生后，就是郑安平收留了他。

范雎是打着为国选才的名号推荐郑安平为包围邯郸的秦军主将的，但他其实是有私心的。把郑安平推上秦国第一武将的宝座，那么他们俩在秦国一文一武，就可以拥有更多的权力。谁知机关算尽太聪明，反误了自己的性命。

郑安平通过范雎的推荐到邯郸前线任主将，新官上任三把火，可他连一把火都没烧就被赵国外援春申君、信陵君分割包围了。原来围攻邯郸的秦军，大都是白起的旧将，由于白起威望尚存，这帮将士早就看范雎不顺眼了，现在郑安平打着范雎的旗号来上任，更是激起了军愤。军队都不听他的调度，不打败仗才怪。

郑安平是个"软骨头"，为了保住小命，就带队投降了。树倒猢狲散，剩下的几支秦军也都被逐一消灭。郑安平做这种丢国家脸面的事，在秦国引起强烈反响，本着惩前惩后的原则，郑安平依法被诛九族。

秦国在攻赵的关键时期吃了败仗，按照责任倒查的原则，郑安平是范雎推荐的人，追究起来，范雎有举荐不当的责任，可一向赏罚分明的秦昭襄王却没有处分范雎。

郑安平战败投降，举荐人范雎却没有受到处理，这让范雎产生了一种错觉：秦昭襄王是离不开自己的。其实范雎想错了，秦昭襄王不是不处分他，而是故意饶了他，他需要时间来搜集范雎更多的罪证，好一击毙命。

"讲义气"的范雎安排了许多亲朋好友在各处任职，河东郡守王稽也是其中之一。公元前255年，王稽被指控通敌卖国，秦昭襄王在没有走司法程序的情况下就直接处死了王稽。秦昭襄王不会放过这次铲除范雎的良机，他当众点名责问范雎，为什么推荐的人都犯这种叛国罪，是不是和他有关系。

范雎推荐的两个人都犯下了叛国罪，这直接关系到他对国家的忠诚问题。在舆论和秦昭襄王的强大压力下，他赶紧以退为进，主动辞职，想用自责逃避死刑。最终，范雎称病回到封地，不久病死。

客观地说，范雎很有才，他来到秦国后忠心耿耿地辅佐秦昭襄王，出了很多很实用的点子。秦昭襄王能在政治斗争中站稳脚跟，范雎功不可没。但范雎忘了"水满则溢，月满则亏"的道理，最终落得和伍子胥一样，惨淡收场。

或许聪明的范雎早就想到有被秦昭襄王抛弃的那一天，

但他还是抱有侥幸心理，认为自己对秦昭襄王贡献很大，秦昭襄王老了，他的儿子还需要他的辅佐，秦国未来的发展建设离不开他。可他错了，正是因为安国君的无能，秦昭襄王才不会留下他这位有着聪明头脑的重臣。

公元前252年，四方朝拜让秦昭襄王感受到了前所未有的成就感。但好景不长，公元前251年，在位五十六年的秦昭襄王因病医治无效，于秦都咸阳去世。他去世后秦国陷入巨大的悲痛之中，人们展开了各式各样的哀悼活动，很多有识之士都写了悼念文章，纪念这位为秦国强盛做出过突出贡献的君主。

在秦昭襄王统治的几十年中，秦国的经济、政治、军事、文化等各领域都取得了长足的发展。在他的努力下，六国的实力得到实质性的削弱。他站在历史的高度前瞻性地扫除了对王权有威胁的势力，为嬴政最终统一六国打下了坚实的基础。

纵观秦昭襄王的一生，他能取得这种举世瞩目的功绩并不是偶然。年轻时他就建设性地强调君主集权和重用布衣客卿对国家建设的重要性。他任用贤能，打击了秦国的分封贵族，创造性地为秦国选择了一条顺应历史潮流的发展道路。在他的不懈努力下，秦国飞速发展。

秦昭襄王的一生是不断斗争的一生。他少年继位，由于年龄小，母亲宣太后一直手持大权，在范雎来到秦国之前，宣太后和外戚魏冉一直对秦国的政局起着主导作用。作为一个有志的君主，母亲、亲戚的专权，旧贵族、旧势力的顽固，让他成了没有实权的"花瓶"君王，想按照自己的思路治理国家，非常困难。

困扰秦昭襄王的国内政治格局，其实在其他诸侯国中同样存在。战国时期，贵族掌权不仅是一种潮流，更是时代使然。由于没有有效的监管制度，贵族们权力巨大，甚至可以凌驾于法律之上。治国需要能臣，而行政资源掌握在贵族手里。他们没有能力，却广招门客，贤能之士没有门路，只能做贵族们的帮闲人。

秦昭襄王找到了制约国家发展的原因所在，为了能招纳贤才为秦国所用，他大胆进行人事制度改革，采用"不问出身只唯才"的官员任用体系，吸引了包括范雎在内的人才争相赴秦"应聘"。在范雎的辅助下，秦昭襄王一步步将王权集中。制度的开放、政治的清明，为秦国的发展提供了有力的保证。

在秦昭襄王的统治下，秦国实现了政权的稳固，国家权力高度向君王集中，军事实力强大。秦昭襄王为成为一名能手握国政、独断专谋、操生杀大权的真正国君殚精竭虑，他所构建的国家政治体系成为后来赢政组建国家的样板，为中国封建社会中实现皇权的无限性提供了经验。

秦昭襄王还具有发展的眼光，在秦国争到蜀国后，蜀地就成了秦国最重要的生产资料基地，为了让这个大粮仓实现连年丰收，他在蜀地任命了李冰做郡守。这个李冰虽不懂军事也不热衷政治，却是一个合格的"水利工程师"。

在秦昭襄王的提名之下，蜀国郡守李冰主持修建了都江堰水利工程。这个伟大工程又一次证明了秦昭襄王的独到眼光。都江堰作为目前世界上最大、最早的无坝引水工程，设计很巧妙，就是用现代水利工程学最挑剔的眼光去审视，也找不出李冰设计上的瑕疵，李冰可谓是战国最伟大的"水利工程师"。

第三章

秦皇起始篇

——我的未来不是梦

公元前250年，秦孝文王去世。

公元前250年，秦庄襄王嬴子楚继位，嬴政被立为太子。

公元前247年，秦庄襄王去世，嬴政继位。

公元前247年，五国联合攻秦大败秦国。

公元前247年，李斯投奔秦国。

公元前238年，平定嫪毐叛乱。

公元前237年，吕不韦被免职，后被赐死，嬴政正式亲政。

公元前233年，李牧大败秦将桓齮。

◇◆◇◆◇

公元前251年，秦昭襄王因病去世。按照秦昭襄王的遗命，安国君作为太子继承秦王位，史称秦孝文王。华阳夫人被封王后，嬴异人已改名嬴子楚，功德圆满被立为太子。可按照秦国传统惯例，父亲去世，儿子必须为其守灵一年。因此，秦昭襄王去世后，安国君要在一年的守灵期过后才能真正成为秦王。

公元前250年，刚刚结束了为期一年的守灵生活的秦孝文王正式登上了王位，可谁知他连登基仪式还没有全部完成就去世了。秦孝文王仓促死亡，于是嬴子楚即位，直接使用了父亲的登基仪式。

一切都像在做梦，嬴子楚还没有完全适应太子的身份，没想到苦苦追寻的王位这么快就落到了自己头上。此时的嬴子楚就像取得真经的唐僧一样，经历了九九八十一难，终于坐上了秦王的宝座。作为安国君无数儿子中的一个，他用自己的努力和吕不韦的金钱成功实现了从受人冷落的质子到安国君继承人，最终成为秦王的伟大转变。

　　嬴子楚即位后，立嬴政为太子，奉自己的生母夏姬为夏太后，当然他也没有忘记华阳夫人，奉她为华阳太后。那些为他成功付出心血的人，都得到了丰厚的回报，功德圆满。

　　此时吕不韦在静静地等待着，作为嬴子楚传奇人生的直接推动者，他相信付出总有回报，嬴子楚肯定不会忘了他的。吕不韦没有看错人，很快他收到了秦国相国的任命。

　　嬴子楚还是比较有诚信的，一登基便对吕不韦封侯拜相。听到这个消息后，吕不韦高兴得险些晕了过去。多年的经营一朝得到了回报，吕不韦一下由一名商人跃居至一人之下、万人之上的相国，为防众人不服，他特意拿出钱财封赏众人，笼络人心，自此吕不韦的地位得到了巩固。

　　公元前249年，秦庄襄王元年。

　　秦庄襄王继位后，成功的喜悦使他产生了心理错位，面对自己的成功，他认为是自己的能力和忍耐的结果，开始无限膨胀起来。上任不久，他就对秦孝文王安国养息的国策产生怀疑，认为这不符合秦国的雄才大略，决定效仿秦昭襄王，用武力显示秦国一统天下的决心和信心。

　　当年周王朝宣告灭亡，但由于种种原因，仍留下了由东周君率领的残余势力，就是这股残余势力使周朝后来走向了彻彻底底的灭亡。

　　当年的周赧王不自量力，号召根本不听他号令的下属们讨伐秦国，结果债台高筑，一败涂地。如今的东周君见秦国新君更替，又号召诸侯们联合抗秦，这正好为秦庄襄王提供了大动干戈的借口。

抛开军事实力不说，从军事战略眼光来看，东周君的军事理论基础还是不错的，应该和当年的赵括有一拼。他不愧是大周王朝的王子王孙，政治眼光很敏锐，斗争经验很丰富。秦孝文王刚刚去世，秦国主要精力放在了新老政权平稳过渡上面，在这个特殊时期，政局肯定不稳。他认为这为打击秦国提供了方便。

赵国的赵括因为纸上谈兵导致了长平之败，东周君也因读死书，在攻击秦国的问题上没有具体问题具体分析导致灭亡。别说秦国仅仅是新君更替，就是秦国国内正在搞分裂，又有哪个诸侯国敢轻言灭秦呢？为了平息周王朝的最后一场闹剧，吕不韦亲自率军与周王朝一战，打赢了嬴子楚上任以来的第一场胜仗。

成为秦庄襄王后，嬴子楚本身就盲目自信，这场"东周残余势力剿灭战"之后，他对自己的军事才能更是深信不疑。的确，这场歼灭东周君的战役来得非常轻松，给秦庄襄王制造了一统天下不费吹灰之力的错觉。于是秦国在秦庄襄王的领导下，开始了四处征战的生涯。

战争给普通百姓带来了灾难，却给有些人或整个家族带来了辉煌。秦庄襄王穷兵黩武的政策，成就了一个姓蒙的家族。可以毫不夸张地说，在秦国一统天下的过程中，蒙氏家族立下了无人能及的功劳，书写了绚丽的篇章。如果没有蒙氏家族的出现，秦国的历史或许会改变甚至是重新书写。

蒙骜是蒙氏家族的第一位名将。蒙骜是齐国人，秦昭襄王在位的时候，他就顺应潮流，来到了当时的超级大国秦国碰运气，找机会实现自己的梦想。史书中关于蒙骜的记载很多，几乎清一色都是记载他如何打仗。而他不仅本人强悍，他的儿子蒙武、孙子蒙恬三代人都是秦国的名将。

蒙骜是个很有能力的军事人才，就是因为对自己能力的自信，他才敢到秦国这样有野心的超级大国发展。但人生总是让人难以琢磨，蒙骜在秦昭襄王时来秦，却直到秦庄襄王继位，才获得展示自己的机会，从而显示出超凡的军事能力。

蒙骜在秦国的首次亮相，是率领秦军攻打韩国。对于这场战争，历史上说得很少，不是不值得说，而是没什么好说的。这场战争完全是一边倒的形势，蒙骜轻松得到了韩国的成皋和荥阳，使秦国得以在这里设置了三川郡。

三川郡的设立对秦国有很重要的军事和政治意义，秦国的势力范围轻松达到了魏国的首都大梁，为武力灭魏提供了条件。其他各诸侯国，也都感受到了前所未有的威胁。

两次战争的胜利，满足了秦庄襄王的虚荣心，却远远不能满足他不断膨胀的欲望。他不断强调战争是一种强有力的手段，必须用战争吹响扫荡天下的号角，彻底摧毁其他六国的军事力量，从而统一天下。

在秦庄襄王如此思想的引导下，公元前248年，军事新星蒙骜再次率军出征，这次讨伐的对象是秦国的老对手赵国。赵国在长平之战、邯郸之围之后，不问时事，埋头发展经济，经过了几年的喘息，国力、军备等方面都有所恢复。

可赵孝成王是个不安分的人，赵国经过几年的经济改革，国力慢慢强盛之后，就怀念起以前作为大国时的风光了。赵孝成王制订了一个"超楚赶秦"的计划，准备重塑赵国的威风。碰巧当时魏国和燕国正在打仗，鉴于以前和燕国有点小矛盾，赵孝成王发布军事动员令，命令赵军协同魏国去攻打燕国。

赵国派遣老将廉颇率军和魏国一起攻打燕国，弱小的燕国无计可施，首都很快又被廉颇围了起来。听到廉颇大胜，赵孝成王很高兴，高兴之余他还在没有燕国参与的情况下，自行制定了赵燕两国的双边条约，并草拟了赔款数额，指定了割让的土地范围，准备拿到燕国逼迫燕王签字。

螳螂捕蝉黄雀在后，赵孝成王正在做着打败燕国后大肆搜刮不义之财的美梦时，突然听到蒙骜进攻赵国的消息，他当场就晕了。当时廉颇带兵出征，赵国主力部队都在燕、赵、魏的战场上，国内布防空虚。蒙骜抓住机遇，一举攻克了赵国的三十七座城池，刚刚恢复元气的赵国又遭到了

60

历史上最沉痛的打击。

蒙骜非常善于推理，打败赵国后，他运用同一理论，得出了魏国国内目前同样空虚的结论。蒙骜携胜利之威，剑锋一转又对魏国发动了军事突袭行动，接连攻克了魏国的高都和汲。这场针对赵国和魏国的战争以秦国全胜而告终，也成就了蒙骜的军事辉煌。

蒙骜出于对自己的生命和政治前途的考虑，在还没有完全摧毁赵国和魏国的军事实力的情况下，停止了军事行动。他这么做虽然避免了因功高震主而被君主猜忌，但从战国大局来看却给了其他诸侯国凝聚力量反击的机会。出于对秦国的恐惧，各国军事联盟又一次组织起来，最终导致秦国的一场大败。

在战国军事将领中，王龁称不上什么名将，但绝对是一位宿将。公元前247年，王龁独率大军进攻韩国，倒也顺风顺水，战胜后还在韩国建立了太原郡。可没有等他乘胜追击，秦庄襄王就把他紧急召回。

王龁从前线匆忙返回是由于魏王的动作。平白无故受到秦国的攻打，魏安釐王很生气。本身他就是个小心眼的人，又碰到这种无来由的吃亏事，他怎能咽下这口恶气？于是他秘密策划了报复秦国的军事打击行动，并不计前嫌地请了留居赵国的信陵君魏无忌加盟。

当年信陵君魏无忌为了解救赵国邯郸之围，曾经偷了魏王的兵符并且杀了晋鄙，邯郸之围解除后，他怕被魏王治罪，一直留居赵国。因此，信陵君收到魏安釐王请他回国的消息时，他很动摇：自己无奈之下对魏国做了不忠不义之事，本无脸面回国，但国家正处于危难之中，正是需要自己的时候，到底该如何选择？

到底回不回国这个问题让信陵君很纠结，他的门客薛公、毛公看出了主人的纠结所在，就对他说："国家目前到了最危险的时候，假如公子毫不顾念，使秦国攻破大梁而将先祖宗庙夷平，公子还有什么脸面活在世上呢？"信陵君解开了心结，马上回国。魏安釐王不计前嫌任命信陵君为上将军，筹备攻秦。

这次受魏王委托，信陵君再次组织纵队攻秦。作为战国四公子之一，信陵君在发出攻秦邀请函之后不久，各国便反响强烈，纷纷支持。为表达诚意，楚、韩、燕、赵四国立马派来援军。

听到魏国信陵君组织攻秦的消息，秦国也组织起了以蒙骜为主帅、王龁为副帅的阵容，迎击五国的联盟军。或许是蒙骜在军事方面太强势了，面临被攻打的情况，他根本没有防守的概念，出乎意料地安排攻打郓州和华州，准备打入敌人后方，迫使五国联军回兵救援。

蒙骜这种以攻为守的战术思想和兵法中"前后攻之，彼首尾不可兼顾"暗合，非常高明。但对手信陵君的作战能力也不容小觑，在分析了蒙骜的战术后，他派魏楚两国的部队筑起连营，打着信陵君的幌子，与郓州的蒙骜对峙但绝不出战，自己则率领赵、燕、韩三国兵力日夜兼程赶往五百里外的华州，与王龁决战。

一切都在信陵君的掌控之中，他认定秦军部队远离国境作战，粮草是秦军的短板，如果能在秦军的粮草上做文章，吸引秦军出动，肯定能取得事半功倍的效果。

在信陵君的安排下，赵国大将庞煖率军招摇过市，去渭河口打劫秦军粮草，韩、燕两国军队埋伏在少华山的森林中，伺机攻打前来救援的秦国军队。王龁也感觉到了信陵君的安排有诈，但考虑到粮草不能不救，他就率领一半秦军去增援运粮部队，结果大败而归。

最后，王龁率领的秦军，一半在抢救粮草时被信陵君的伏军击败，粮草也被信陵君抢走，剩下的一半整天空着肚子作战，也基本没有战斗力了。华州的王龁军队已经威胁不到信陵君了，信陵君和众人商议之后便率军起赴郑州，准备跟在郑州佯攻的魏赵两国军队会合，集中力量和蒙骜决战。

攻击郑州的秦军统帅蒙骜很迷惑，自己主动攻击，对手为什么面对强敌入侵却无动于衷，坚守不出？过了一段时间他才恍然大悟，中了信陵君的计了，对峙的敌军可能只是幌子，五国联军的主力应该在华州。蒙骜立即决定留下老弱残兵守营，自己率精锐部队支援王龁。

蒙骜去华州支援部下王龁，结果在路上和击败王龁后去郑州会师的信陵君碰面了。两军见面，分外眼红，两帮人马当即展开了近身肉搏战。信陵君的部队刚刚取得华州大捷，士气高涨，相比之下，秦军则突遇变故，迷糊中仓促迎战，最终秦军又大败。蒙骜本想收拾残兵败将回营地休整，却不料大本营也被联军给抄了。

面对惨败的局面，蒙骜无可奈何之下率军逃回函谷关，五国联军取得了彻底胜利。

以前列国联合抗秦的成果都不是特别显著，然而这次信陵君组织的联军却创造了奇迹。虽然联军也遭到了秦军全民皆兵式的抵抗，不过，这并不影响整个战争大局的胜败。此次联军胜利不仅从军事上打击了秦军，而且在心理上使列国认识到，秦军原来也是可以战胜的。

五国联军抗秦胜利，信陵君作为组织者和领导者功不可没。他作为四公子之一，在人们心目中一直是仁义厚道的标杆人物，这次抗秦战争他表现出的出色战斗指挥才能，也让人们佩服。

然而战场上的失利让秦国改变了战术。深谙金钱魔力的吕不韦在信陵君回国后，派人花重金找到了晋鄙的门客。门客们本身就依附于高官生存，信陵君派朱亥砸了晋鄙的脑袋，等于让晋鄙家门客"下岗"。此仇岂能不报？在这群门客的运转下，本就忌惮信陵君的魏王更加怀疑他，于是找人取代他执掌了兵权。信陵君从此心灰意冷，每日沉迷酒色，最终郁郁而终。

历尽磨难的秦庄襄王本以为当上了秦国国君就可以为所欲为，大展身手，没想到这一连串的战争如此不顺利。或许是年轻时的遭遇让他早已心疲神怠，在得知战争惨败之后他就病倒了。公元前247年，秦庄襄王在即位三年后因病去世。

秦庄襄王去世后，根据继位原则，十三岁的嬴政成为秦国国君。从此改变中国命运和历史的重要人物正式登上了历史舞台。

随着军事实力的强大，抢到的土地越来越多，如何管理这些土地和人口，成为一个摆在秦国管理层的新问题，仅仅靠武力的征服远远不能从根本上解决问题。

秦庄襄王时，秦国使用武力占领了赵国的晋阳。晋阳是军事要地，常年的战争让当地的老百姓对秦国非常反感。他们趁着嬴政刚继位，在公元前247年毅然宣布独立。大为恼火的秦国在公元前246年派蒙骜顺利平定了这场闹剧，但晋阳事件暴露出的政治问题引起了秦国的深思。

战国时期，战争是社会的主流。长此以往，战争带来的各种各样的问题就随之显现出来，战俘和流离失所的农民困扰着各国经济的发展。秦国在战胜之后，就把流民和战俘就地安排。这样做本意是让这些人回家后通过辛勤劳动、合法经营繁荣国家的经济，但事与愿违，这些人由于心理的原因，屡屡聚众闹事，扰乱秦国安定的大好局面。

怎么对占领区域实现有效的统治？武力镇压只是治标不治本的办法，想真正解决问题，还要从政策上入手。作为一个成熟的政治家，吕不韦通过对流民和战俘的整合，以及在占领区推行秦化政策，很好地解决了这些问题。

他让秦军把老弱病残和妇女儿童赶回敌国去，成功把这些经济负担和威胁转嫁到敌国身上，又把青壮年征入部队，去执行那些死亡率比较大的作战任务。这样，既为敌国制造了麻烦，又为秦军在战争中减少了伤亡，有力促进了秦国经济的发展和军事力量的增长。

要想在占领区内实现有效的统治，就必须在当地建立强有力的行政体系。在这个问题上，每当战后，秦军总是拉拢当地的头面人物，给他们发放委任状，由他们出面管理当地的百姓。这种做法在开始时成效显著，但时间一长，这些头面人物又反过来带头造反。

为了很好地解决占领区的社会不稳定因素，吕不韦在秦军占领地彻底打乱当地的行政组织。原来的官员全部收作俘虏，由秦国本土委派官员进行行政管理。一旦出现反叛情况，坚决打击，绝不手软。通过对这些忠于秦国的官员的管理和打压，占领区反叛的可能性越来越小，后方的稳定为四处侵略的秦军吃了一颗定心丸。

秦国通过一系列的经济和社会制度改革，国内经济蒸蒸日上，对外进攻每次都能如愿以偿。这些成绩的取得除了和秦国自身的不断努力有关之外，还和其他六国无休止的内讧关系密切。就在吕不韦着手解决占领区的统治问题时，邻近的大国赵国国内又出现了内斗。

在赵国乃至各诸侯国，廉颇都算得上是德高望重的将军。公元前245年，廉颇八十多岁，为了证明自己身体情况很好，他向赵孝成王请命统率大军进攻魏国的繁阳。就在廉颇远征的路上，噩耗传来，赵孝成王去世了。廉颇听到赵孝成王去世的消息非常悲痛，但军务在身的他还是选择擦干眼中的泪水，继续前行。谁知此后廉颇再也没能回到赵国的怀抱。

赵孝成王出生在战国风云际会的年代，他一生都在跟秦国做着不屈不挠的斗争。赵孝成王去世后，儿子赵悼襄王继位。赵悼襄王上任后签发的第一个命令就是解除廉颇的军职，让乐乘接替廉颇的军权。

廉颇虽是一名老将，但性格不够沉稳，办事非常冲动。当他知道赵悼襄王让自己以前的俘虏乐乘代替自己时，大发牢骚，忍无可忍之下他率兵跟乐乘打了一仗。虽然乐乘为了国家利益及时躲避了廉颇的挑衅，没有给赵国造成太大的损失，但愤怒的廉颇直接出走赵国，投奔了魏国。

廉颇虽年龄很大，但政治思维仍很幼稚，他根本没考虑自己刚打了魏国，再去魏国避难情理上有点不通。好在魏王对八十多岁的廉颇很是尊重，整天好吃好喝招待着，对他客客气气的。可魏王并不信任和重用他，不让他参与国家大事，这让廉颇非常失意。

赵悼襄王继位后过得很不好，秦国军队多次围困赵国。无奈之下，赵悼襄王又想起了廉颇，想重新任用廉颇。于是他亲派使者到魏国去慰问廉颇，看其还是否可用。

廉颇在魏国政治避难时很失意，听到赵悼襄王不计前嫌，想重新让他回国工作时，他热情地接待了赵悼襄王的使者，并高兴地设宴款待。在酒席上廉颇为了证明自己宝刀未老，一口气吃了一斗米、十斤肉，并乘兴披挂上马，使了一路刀法。看到赵王的使者满意的神情，廉颇很得意。

本以为回国受命已成定局，谁知廉颇却一直再没等到赵国的消息。原来廉颇在赵国有个仇人叫郭开，他听说赵悼襄王准备重新任用廉颇，就重金贿赂赵王的使者，让他说廉颇的坏话。结果使者上报赵悼襄王："廉老将军虽然老了，但身体很棒，能吃能打，就是一会儿解了三次大便。"

赵悼襄王一听，认为廉颇老了，就没再任用他。

一心想回赵国效力的廉颇最终也没有等到赵国让他复职的消息。魏国的失意、赵国的不诚信让他郁闷至极。幸好楚国有很多廉颇的崇拜者，他们听说廉颇的遭遇后就派人把他接到了楚国。可廉颇在楚国也没有干出什么成绩。公元前243年，名将廉颇在楚国郁郁而终，享年八十四岁。

而此时的秦国为了保持战斗力，军人开始采用专职制，大批有志青壮年应征入伍后，只参与军事训练，不从事粮食生产。这样虽然保证了战斗力，但也导致大量的劳动力无法从事农业生产。另外，郑国渠水利灌溉工程的开工，又抽调了大批劳力，因此，国内大量的耕地荒废，粮食短缺。

没有粮食，老百姓只能发发牢骚，忍耐再忍耐，可军队饿了肚子，却是很严重的，轻者影响到士兵的战斗力，重者能导致国家的崩盘。为了解决粮食危机，秦国四处求援，但根本无人理会。

秦国国内缺粮，军队为了吃饱饭，就想去别国抢粮。计划报到嬴政那里，嬴政当即下令进攻韩国。蒙骜坚决地执行了嬴政的命令，率领饥肠辘辘的秦军一口气攻下了韩国的十三座城池，解了燃眉之急。

公元前243年正月，秦国的粮仓已空空如也。然而秦国的军队人数十分庞大，每日的消耗都是天文数字。别说国内有了饥荒，就算风调雨顺，即使严格厉行节约，也很难生存。在这种困境下，嬴政独创了以战养战的政策来解决这一问题。这么做既可以锻炼军队，增强战斗力，又可以缓解国家的供给压力。于是，蒙骜带领着大军又一举攻占了魏国的两座城池，不花费分毫便解决了温饱问题。

尽管蒙骜解决了秦国军队的温饱，但国内还是粮食供应短缺。秦国流年不利，本身劳力不足粮食就不够，如今又闹了蝗灾，一下子陷入了空前的粮食危机。

既然军队已经探索出以战养战的新思路，何不将以战养战升级为以战养国呢？于是，嬴政命蒙骜率领秦军继续进攻魏国，一举攻下了魏国的酸枣、燕、虚、长平、雍丘、山阳等二十座城，并强行把这些地方规划为秦国的粮食供应地。如此，秦国国内的粮食危机得到了缓解。

秦国的肆意扩张，早就引起了各诸侯国的不满，尤其是这次为了从别国抢夺粮食，不断侵占别国的地盘。楚国的春申君受上次信陵君组织五国联盟军，成功打击了秦国的有生力量的启发，认为应再组织一次盟军联合抗秦。

在春申君的号召下，赵、魏、燕、韩四国都纷纷出兵响应，五国联盟军正式成立。在春申君的推举下，赵国的将领庞煖被选为作战总指挥，率领五国联军浩浩荡荡地杀向秦国。

春申君组织五国抗秦，自己却坚决不担任总指挥，他这样做并不是厌恶权力和名声，而是有自己的想法和打算。一方面，对于自己的能力，他有自知之明；另一方面，他知道一旦担任了总指挥，为了服众，就必须要让楚国的将士带头打冲锋，而委任赵将庞煖，就可以让赵国的士兵去打头阵，从而保留楚国的军力。

五国抗秦总指挥庞煖通过对秦国军事历史的研究，发现秦国之所以屡战屡胜，除了秦地民风剽悍、兵员素质较高之外，还有一个有意思的现象：每次战争秦国都是作为侵略国，而被侵略的国家无论如何反击，也只是御秦国于函谷关之外就收手了。原因很简单，秦国有着高山和黄河天险，又有依山建城的传统，易守难攻。

庞煖率领五国联军，抱着不走寻常路的战略思想，放弃了传统的攻秦必打函谷关的老套路，命令五国军船迅速到黄河集结，采用北渡从秦国地势比较平缓的东北方进攻的战略。庞煖不同寻常的作战思路显然让秦军很不适应，在秦军毫无心理准备的情况下，他们一直攻打到秦国首都咸阳附近，五国联军取得了阶段性的胜利。

驻守在各地的秦军听说庞煖率军打到咸阳附近的消息后都纷纷往回赶，在咸阳城外围形成了隔离带，准备拼死保卫家国。咸阳城内看到五国联军临近都城，一片慌乱。吕不韦组织咸阳的兵力，开展对五国联军的阻击。他针对敌军分散部署的特点，集中优势兵力攻其一处，扰乱五国联合进攻的步调，准备采用各个击破的战术。

吕不韦首先将目标锁定在楚国军队上，因为春申君是五国联军的组织者，打击他能起到威慑作用，并且楚国常年荒于军备，战斗素养不高，容易击破。春申君为了楚国能少受损失机关算尽，没想到还是首先遭到攻击。

吕不韦制订了行动计划，准备用精兵秘密偷袭楚军。其实吕不韦并不是一个高明的军事家，他制定的这个计划风险很大。一旦偷袭的消息泄露，楚军完全可以从容撤军，然后联合多国部队在空营的四周组成包围圈，形成瓮中捉鳖之势，等秦军进入埋伏圈，全歼秦军。可秦国已经到了危急关头，只能一搏了。

尽管吕不韦的作战计划保密措施很严密，但还是很快就传到了春申君那里。春申君顾不上通知其他诸侯国军，便匆忙率领楚军回国了。楚军的撤退行动，不仅是秦国，连赵、韩、燕、魏四个盟国都毫不知情。

当天晚上，秦军按照原计划偷偷进入楚国大营，却发现军营中空无一人。秦军以为中了楚国的空营计，紧张地等待着一场硬仗，谁知等了许久也不见楚国的反攻。秦军将领王翦看到楚军凭空消失，有点不知所措。但他立马沉着冷静下来，随机应变，下令突袭与楚国营地相邻的赵国。

赵国将领庞煖此时正在军帐中鼾声大作，猛地听到自己身边杀声大作，起初还以为是自己在做梦，等到手下惊慌失措前来报告，才明白是遭人偷袭。庞煖手忙脚乱地集合部队，很快赵军和秦军就胶着在一起展开了激战。苦苦坚持的赵军直到黎明前才在燕、魏、韩的支援下击退了秦军的进攻。作战中四国虽奇怪没看到楚军的影子，但战后仍按照组织原则找春申君汇报昨晚的作战情况，结果发现楚国人早就不见踪影了。

想到秦军必须要穿过楚营才能攻击赵营，他们这才明白楚军早已临阵脱逃。春申君的行为，遭到了四国的唾弃。轰轰烈烈的五国联军受到组织者春申君逃跑的影响，士气低落。联军深入秦国腹地，后勤补给困难，再加上秦将蒙骜很快回援，为了防止被秦军的救援部队围剿，联军经过合议决定正式散伙，各回各国。至此，他们彻底失去了合纵攻秦的最后机会。

公元前241年，战败的联军从此一蹶不振，合纵抗秦的故事再未上演。而此时经过休整的秦国不动声色、休养生息。

五国联军攻秦失败，楚国由于背信弃义丢尽了脸面。然而作为合纵抗秦的组织国，他们还要应对秦国随时可能到来的报复行动。出于对国家安全的考虑，楚考烈王不得不又和春申君商量起应对秦国报复的措施来。

面对秦国即将到来的进攻，春申君向楚考烈王提出了迁都的策略。一旦楚国把首都迁到大后方，秦国想要灭亡楚国，就必须要首先考虑军队的经费问题。因为楚国的大后方距离秦国较远，想打仗必须要有充足的后勤保障才行。楚考烈王同意了这个策略，于是迁都寿春。

在楚国的历史上，早就有为躲避秦国攻打而迁都的"传统"。当时定都钜阳就是因为当年白起率兵攻打楚国，由于楚国国内都是无险可守的大平原，秦国军队一入楚就大败楚军，白起率军回秦后，楚国为避免首都再遭战火，主动迁都钜阳。

战国时期是一个崇尚改革的时代，各诸侯国都忙着改革，但真正成功的只有秦国的商鞅变法。在商鞅的变革下，秦国在政治、社会、经济、军事等方面都有了翻天覆地的变化。秦国在法家理论的指导下，国家的弊病得以清除，综合国力得到提升，用人机制变得灵活。

秦国是一个崇尚自然的国度，遵循"万物皆自然，有法天下行"，他们在国内推行法家思想治天下，有力推动了秦国的发展。他们对官员实行绩效考核，庸者下能者上，并制定了严酷的法律条文，给秦国上下带来了一片清平之象。

秦国在军队内部也进行了当时最先进的军事体制改革。商鞅首创军功授爵制度：只要你能立志从军，就能衣食无忧；只要立下战功，就能加官晋爵。为了提升战斗力，秦军规定以敌人的头颅来衡量士兵的功绩，砍得多，便有官可做，而且若是在战场上牺牲了，其子从军后还可以继承官位。在这种现实功利思想的鼓舞下，秦国开始了"独霸天下"的征途。

吕不韦这些年一直都很顺风顺水，他亲手把秦庄襄王推向秦王宝座，秦庄襄王去世后，又成了大秦国的宰相兼秦王的"仲父"。政治上的成功、商场上的得意，让吕不韦成了秦国乃至整个战国时期最有权势的人。

吕不韦是个在创造奇迹中不断超越自己的人。作为商人，他富可敌国，现在他又手握重权，连君王都以仲父相称。富贵权势已经不能满足他的欲望，他便想在精神层次寻求突破。想当年他不惜重金帮助嬴异人，最原始的动机就是想摆脱商人的身份。成功"转型"后，他仍想通过努力让人们忘记他的原始身份。

在战国时代，商人在人们心目中是投机倒把的代表，那些商人虽然掌握大量的财富，但总是遭人白眼。吕不韦作为商人中的精英，虽然正是靠商人的投机倒把，才有了日后的成就，但他极其想要摆脱商人卑贱的身份地位。于是，吕不韦想用著书立说来改变自己在众人心中的形象。

吕不韦准备编纂一部综合百科全书，因此，他招来了三千文人学士，命他们将所见所闻记下，并综合在一起成为八览、六论、十二纪，共二十多万字。他认为其中包括了天地万物古往今来的事理，所以号称《吕氏春秋》。

客观地说，吕不韦主持编纂的《吕氏春秋》是非常成功的。这部书兼容并蓄了儒、法、道、阴阳、墨、兵、农等各家的学说，内容丰富全面。吕不韦也因这部书跨入文化人的行列，被后人称为杂家。当然吕不韦作为《吕氏春秋》的主持者，在书中他详细阐述了自己的人生理论，来宣传自己的思想和道德。

吕不韦不但成功编纂了《吕氏春秋》，而且考虑到群众的经济能力问题，曾将《吕氏春秋》放在咸阳的闹市，供天下人免费阅读，并承诺如果有人能在书中找到一处不妥，便赏千金。这使得这部《吕氏春秋》广为传播。

很显然，吕不韦编纂《吕氏春秋》并不是单纯地为了传播历史文化，而是想利用这本书来提升自己的文化品位与影响力。他很清楚，若是想要达到无人企及的高度，便需要金钱、权力、学识等综合实力来支撑。可悲的是，他搞的这种个人崇拜，为自己的悲剧埋下了伏笔。

对于吕不韦出书，嬴政开始是很支持的，可嬴政亲自读完《吕氏春秋》后却敏锐地发现，吕不韦出书的目的不是那么单纯，他在这本书中鼓吹君臣分权制，提出君主集权会导致独裁统治，只有君主放权于大臣，才能实现国家大治。

嬴政从《吕氏春秋》中嗅到了危险气息，他认为这是赤裸裸的夺权。

之后，吕不韦与赵姬串通一气，公开反对嬴政的亲政申请，这让嬴政更是气愤。嬴政做了秦王很多年，却越来越发现自己手中的权力少得可怜。只要自己的想法跟吕不韦不一致，最终都得按吕不韦的思路走。他慢慢意识到这一切的始作俑者就是他所谓的仲父吕不韦，可要想扳倒吕不韦这座大山，自己又没有与他抗衡的实力。

嬴政再也忍受不了做一名傀儡君王的生活，为了制衡吕不韦，他暗地里拉拢了昌文君、昌平君两只武装力量，准备随时清君侧。涉世不深的他哪里知道，在秦国一派繁荣的表象之下，除吕不韦外还有一股暗流在肆意地涌动。

话说秦庄襄王当年在赵国做质子时，在吕不韦的帮助下，于落难之际娶了赵姬做妻子。赵姬本就是吕不韦的舞姬，秦庄襄王去世后吕不韦又获得了与赵姬相往来的机会。嬴政年幼继位后，国家大权掌握在吕不韦和赵太后的手中，二人又更为频繁地接触。一个是当朝相国，一个是当朝太后，两个最大的实权派结合无疑对稳固私人地位、实现国家稳定有着重要的意义。

但吕不韦想与赵太后保持距离，他怕担上淫秽宫闱的罪名，这足以让他的政治前途彻底毁灭。于是，吕不韦想到了一个两全其美的办法，他将嫪毐献给赵太后，让其专门服侍赵太后一人。赵太后对嫪毐很是满意，且还为他生下了两个孩子。

嫪毐从粗鄙野夫到依靠赵太后做到长信侯，尤其是和赵太后生下两个儿子后，他感觉和太后之事终究是纸包不住火，事情一旦败露，自己会没了性命不说，两个儿子也难侥幸。于是，嫪毐想要造秦王嬴政的反。为此，他首先广招门客，让他们在外宣传自己；其次，他在朝中拉帮结派，伺机造反。

自以为聪明的嫪毐为造反做着精心的准备，却没想到他的一举一动都始终被吕不韦完全掌控。对于嫪毐在朝中的所作所为，吕不韦虽然早就知道，但他认为这些都是小把戏，靠拉拢几个地痞流氓，贿赂几个朝廷小吏根本影响不了大局，所以就没有管他。再说，吕不韦还有自己的私心，嫪毐注定成不了气候的，造反正好可以给吕不韦阻挠嬴政亲政找到借口。

吕不韦认为如果嬴政了解到嫪毐造反的真相，肯定会知难而退，不会再反复要求亲政。抱着能多掌两年权的私心，他向嬴政披露了嫪毐结党叛国的内幕，其中当然还包括嫪毐与太后的私通问题。嬴政听到这个消息后很是紧张，最终决定抛弃分歧，依靠吕不韦的力量来摆平这次祸乱。

以秦国当时的政治格局来看，嬴政和吕不韦联手除掉嫪毐并非难事，但要想摆平嫪毐背后的赵太后却并不容易。赵太后在秦国掌权多年，官员任免、兵员调动都要有太后的印玺和兵符。如果她选择和嫪毐站在同一阵营，那么除掉嫪毐的风险很大。稳妥之计就是逼迫嫪毐将谋反付诸行动。

吕不韦首先将嫪毐准备谋反的消息散播了出去。嫪毐听到这个消息后非常惊慌，得知嬴政对他造反一事态度慎重时，又非常害怕。嫪毐想造反，当时却又没有足够的实力；不造反，看形势就只能等死。在这种严峻的形势下，嫪毐决定向赵太后摊牌，争取她的支持。

赵太后在得知此事后很是淡定，其实她早就想到会有这一天。赵太后是个缺乏政治思考的女人，为了能长期和嫪毐在一起，她一次次否决嬴政的亲政请求，就是为了能继续掌握秦国的大权，然后在权力的掩盖之下继续这种为所欲为的生活。

在准备造反的问题上，嫪毐向赵太后寻求帮助以后，她一直都没有表态。当时赵太后觉得只要能保住自己目前的地位，凭借她的身份要保全嫪毐并非难事。然而在嬴政的再三申请下，公元前238年，在吕不韦的支持下，即使赵太后内心极力反对，但仍与嬴政进行了权力交接，嬴政正式掌握了朝政。

嬴政亲政之后，按法律规定接管了秦国所有的军政大权，这意味着从此赵太后不能再随便干涉秦王的决策，嫪毐失去了靠山，且在朝中的党羽也会被逐步剪除。想到自己性命难保，嫪毐如同惊弓之鸟，惶惶不可终日。

嫪毐在衡量了形势之后决定趁嬴政没有防备之时，发动突袭，抢占先机。他认为虽然没有赵太后的帮助，但凭借自己这几年的努力，现在行动或许成功率还高一些。在死亡的威胁下，嫪毐正式谋反，他率领他的杂牌军开始进攻王宫。嫪毐终于走上了吕不韦和嬴政给他安排的道路。

嬴政和吕不韦天天盼着嫪毐谋反，为了应对这次谋反，他们早就在咸阳进行了秘密布控，就等着嫪毐的手下全部暴露后，将其一网打尽。等到嫪毐真正谋反了，他们才发现嫪毐的实力并非如想象的不堪一击，除了没有正规部队，嫪毐的同党包含了门客、县卒、卫卒、官骑、戎翟君公等。

在嫪毐的谋反同党中，门客是经过军事化训练的，而县卒和卫卒虽战斗力不强但人数众多。最可怕的是保卫王宫的护卫部队，也就是官骑，这些人都是千挑万选的精英，而且熟知王宫地形，危害极大。更不可思议的是，嫪毐还找来了戎族的兵士。

嬴政和吕不韦依据了解到的情况制订出了应对的计划，并马上调集几支部队来京。嫪毐率众人在官骑的配合下，很快就攻破了王宫，却没有找到嬴政。当他命令部队全城搜捕嬴政时，却发现他被一支规模庞大的军队包围了。嫪毐至此才醒悟过来，自己进了嬴政和吕不韦的圈套。

嫪毐的杂牌军在正规军面前不堪一击，很快败退，然而嫪毐却在死士的保护下，顺利逃跑。逃出王宫包围的嫪毐及其手下不断地在咸阳城里杀人、放火、抢劫，制造恐慌，社会秩序大乱。在此混乱的局面下，嫪毐侥幸逃出了咸阳城。

平息了嫪毐的谋反之后，嬴政和吕不韦进行了安抚百姓、清剿余党的工作。嬴政下令所有战乱损失由国家承担，并亲自走访百姓，体察民情。嫪毐被株连九族，造反派的中坚力量全部被杀掉，谋反中被俘的士兵发配边疆。

嫪毐虽成功出逃，但秦国向各国发出追捕嫪毐的悬赏令，生擒者赏金五十万。很快，他就被唯利是图的手下送回了咸阳。嬴政对嫪毐恨之入骨，对其实行了六马分尸之刑。

嫪毐谋反被铲除后，最伤心的人就是赵太后了。在这场儿子亲政以来遇到的第一场政治危机中，赵太后承受了巨大的压力才得以保持中立，如今嬴政战胜了嫪毐，现实不得不让赵太后冷静地反思自己和嫪毐的荒唐人生，这些让她感到后悔和羞耻。

嬴政为了报复母亲，他把她和嫪毐的孩子装在麻袋里，当着她的面用棍棒活活打死。后又将其发配至雍城。

在嬴政的成长经历中，母亲赵姬是他最信赖的人。嫪毐谋反之事让嬴政伤透了心，从此他从一个温和的少年变成了暴力倾向严重的君主。把母亲驱逐出咸阳后，盛怒之下，嬴政又接连杀掉了二十七个对他逐母行为进行劝谏的大臣，并抛尸荒野。最后在第二十八个人茅焦的劝说下，他才终止了这场血腥事件，安葬了大臣，并将赵太后接回了咸阳。

在平定嫪毐的行动中，吕不韦又为秦国立下了大功。若没有他的通力协作，嬴政不可能这么快亲政，更不可能这么利索地处理这次谋反事件。然而，虽然吕不韦在关键时刻拉了嬴政一把，但嬴政却从嫪毐的事件中看到了吕不韦的可怕之处。嫪毐尚且这么难对付，在秦国经营多年的吕不韦一旦谋反定会更加恐怖。

在追查嫪毐同党的过程中，吕不韦和赵太后间的私通也被人检举揭发出来，这使嬴政彻底对吕不韦动了杀机。公元前237年，嬴政发令称吕不韦同嫪毐谋反有串通嫌疑论罪当斩，但考虑到吕不韦年事已高，身为秦王仲父又对秦国有过大功，特别开恩，免去死罪，让他回到封邑洛阳去养老。

嬴政把吕不韦发配到洛阳去养老，本意是把他驱逐出权力的中心，这样就不会对自己的领导地位构成威胁了。考虑到吕不韦对秦国的特殊贡献，他并没有要了吕不韦的命，但嬴政却因此看到了吕不韦在秦国真正的力量和影响力。

吕不韦被贬的消息传开后，各级官员都争着去慰问吕不韦，言谈中表态将来定会支持吕不韦重掌朝政。由于老百姓知情权的缺失，茶余饭后纷纷指责嬴政忘恩负义，为吕不韦的失势打抱不平。吕不韦临走时送别场面达万人空巷之势，到了洛阳后，大臣们都是将国家大事先请教吕不韦后再上报嬴政，并纷纷上书要求吕不韦返京。

吕不韦在撤职之后四处宣传《吕氏春秋》，含沙射影地鼓吹君臣分权的理论。他虽然把政治权力交出，但一手经营的大财团却始终控制着秦国的经济命脉，严重影响到了国家经济的良性运转。嬴政得知后，更是对吕不韦要除之而后快。

为了彻底消除吕不韦对秦国政治的影响力，嬴政给吕不韦送去了一封简短的信笺，斥责他功劳与待遇不相符，暗示要把他发配边疆。吕不韦看完信后无奈决定饮鸩自杀，免得走范雎的"老路"。吕不韦被铲除，嬴政也完成了从一个懵懂少年到一名残暴君主的转变。

嬴政以为，吕不韦死了，他在秦国的影响力也到此为止了。但事情并没有那么简单。吕不韦死后，吕不韦的门客在洛阳为其举行了隆重的葬礼，这些人还非法集会，公开宣扬一些反动言论。

为了将吕不韦在秦国的势力连根拔除，嬴政在国内展开了大规模的"清算运动"。他首先冒着影响国家政体的风险，把跟吕不韦有关的人全部清除。虽然这些人已经渗入秦国的各个阶层、遍布到各个领域。

同时，嬴政还发现了吕不韦有通敌卖国的嫌疑。在秦的异族人中，很多异族人士都受到过吕不韦的救济，而这些人正是吕不韦死后施行那些非法举动的中坚力量。于是，嬴政又下达了"逐客令"，把在秦国的异族人全部驱逐出境，以绝后患。

在秦国的政治历程中，它和其他诸侯国一样都经历了贵族、外戚、权臣，但和他们不同的是，这些恶势力都被秦国君主一一扳倒。也正因为如此，秦国才在战国列国中脱颖而出。没有了国内各种矛盾的羁绊，秦国正式开始了一统天下的伟大历史进程。

公元前246年，面对秦国恐怖式的疯狂扩张，韩国君主韩桓惠王想出来一个不动一刀一枪阻止秦国的金点子。他派韩国著名的水利工程专家郑国充当间谍，让他游说秦国修建一个浩大的水利工程，从而消耗秦国的力量。这就是传说中的"疲秦"策略，目的在于延缓秦国对外扩张的脚步，耗竭秦国实力。

郑国来到咸阳，拜见了嬴政和吕不韦后，以李冰修建都江堰为例，介绍了水利工程对国家的种种益处，并阐述了战争与经济的关系理论，勾画了兴修水利可以提高粮食产量、改善经济状况的蓝图。在他的游说下，嬴政采纳了这一建议，并耗费巨资在泾水上修建郑国渠。

郑国渠耗费了秦国大量的人力、物力和财力，这个工程一修就是十年。直到清理完吕不韦集团之后，嬴政才发觉，郑国渠的修建已经严重影响到了秦国统一天下的进程，这项工程不折不扣是韩国的政治阴谋。嬴政震怒之下要杀郑国，以便对秦国上下有个交代。

得知秦王识破了自己修建郑国渠的阴谋后，郑国坦承了修郑国渠有延缓韩国灭亡的目的。但他再一次分析了郑国渠对秦国的巨大作用。嬴政也明白郑国渠已经开始修建，如果半途而废，先前的付出就都成了泡影，于是他决定，把郑国打成政治犯，责令他戴罪立功继续修建郑国渠。

自从商鞅变法之后，秦国各方面都得到快速的发展，这和秦国的人才引入机制有很大关系。但吕不韦与郑国的事情发生后，嬴政准备下达"逐客令"。如果这条法令真的被实施，将给秦国造成不可估量的损害，幸运的是上天给他派来了李斯，李斯阻止了逐客令的实施。

自公元前247年起，战败的联军再也没能组织起合纵队伍，合纵抗秦的故事也再没上演。而此时的秦国也需要及时调整战略，休养生息。嬴政亲政后，如何有效整合六国成了秦国朝堂讨论最多，意见也最多的话题，而提出有效策略的人正是李斯。

李斯，楚国人，家境贫寒，年轻时曾做过掌管文书的小吏。

李斯是一个善于观察生活的人，在做小吏时他发现，厕所里的老鼠和粮仓里的老鼠差距很大，生活质量差别甚远，他认为生存的环境决定了生活的质量，一个人有没有出息，完全在于能不能找到一个优越的环境。

一心寻找能实现人生价值的广阔天地的李斯，辞去了小吏，到齐国求学。他拜闻名天下的大学问家荀卿为师，学习法家思想，研究治理国家的学问，即所谓的"帝王之术"。在求学期间，他苦心钻研，学业有成，并结识了韩非等一大批人才。

李斯学有所成后，经过对各国情况的分析和比较，他没有选择回国效力，而是决定到秦国去。

李斯选择了为秦国效力，历史也选择了李斯。此时的秦国，经历了很多年的机构改革，已经形成了重用草根精英人才的优秀传统。秦国一直在进行领土扩张，国家各方面的建设都需要人才，最重要的是，秦国有着一统天下的野心，这正好跟李斯向往的人生理想重合。

公元前247年是李斯难忘的一年，就在这一年他成了吕不韦的门客，后来又当上了秦国的小官。

但树倒猢狲散。吕不韦倒台后，他的门客纷纷四散奔逃，李斯也被当作同党列入清理行列，后虽经查实无罪释放，但嬴政又发现了郑国的间谍行为。于是嬴政对秦国境内的客卿下达了驱逐令，李斯又被列入驱逐的行列，多年的努力眼看就要付诸东流了。

李斯很愤懑，他冒着被杀头的危险，写出了《谏逐客书》，劝秦王不要逐客。在这篇《谏逐客书》中李斯用秦国历代君主任用客卿的成功经验反驳嬴政的驱逐客卿行为，并提醒他驱逐客卿是削弱自己、壮大敌人的行径。

看完这篇《谏逐客书》，嬴政表现出了一位明君应有的素质和胸怀，他从这篇《谏逐客书》中看到了李斯的胆识、能力，在撤除逐客令的同时下令召见李斯。这时的李斯其实已经做好了被秦王砍头的思想准备，然而他等到的不是秦王的砍头命令，而是专使传来的紧急召见的口谕，这让李斯感到事情正向好的方向发展。

和李斯长时间密谈后，嬴政任命李斯为廷尉，让他参与朝政。

在李斯的建议下，嬴政不但废除了逐客令，还颁布了新的人才流动制度，广纳天下贤士为秦所用。在李斯的努力下，秦国很快成了一个待遇高、发展空间大的国家。为了个人抱负和理想，当时的许多名士都慕名而来，为秦国的发展壮大以至后来的一统天下做出了杰出贡献。

《谏逐客书》起到了巨大的政治作用，李斯一谏成名，嬴政慷慨地为李斯搭建了实现理想和抱负的平台。

攘外必先安内，嬴政在亲政后先后扳倒了嫪毐、赵太后、吕不韦三座大山，稳定了国内的政局。与此相对应，该如何统一六国，这个最人的课题，还需要谨慎研究。

秦国虽然在战国时期独领风骚很多年，但其他六国也已经存在了几百年，各国之间利益互相纠缠、关系错综复杂，况且都有自己的军事文化背景，这些都有可能给秦国的统一制造麻烦。在这纷乱的世界上到哪里去寻找适合秦国国情的一统天下的方针呢？嬴政想到了李斯。

此时的李斯在秦国如鱼得水，他凭经验及对六国的研究，结合当时秦国的局势，提出了总的战略方针：由近及远，集中力量，各个击破；先北取赵，中取魏，南取韩，然后再进取燕、楚、齐。

然而李斯毕竟是文臣，没有带兵的经验，对军事理论也不精通。这就不得不提起另一位为秦国一统六国立下汗马功劳的功臣——尉缭。

李斯急嬴政之所急，于是为嬴政推荐了军事家尉缭，以成就其雄霸天下的野心。公元前237年，尉缭从魏国来到秦国。嬴政向来求贤若渴，尉缭作为一个优秀而又奇特的人才表现尤为出色，因此嬴政也对他十分器重，和他行平等的礼节，规定尉缭的衣食住行与自己的待遇相同。这在等级观念森严的时代，简直是不可想象的事情，可见嬴政对人才引进的重视。

尉缭是个不可多得的全面型人才。在和秦王嬴政同吃、同穿、同住的那段日子中，他已摸清秦王是"少恩而虎狼心"。即若他事业未成，便肯屈居忍下，但一旦得志就极易露出虎狼之心。因此终觉"伴君如伴虎"。

尉缭预感到总有一天嬴政会容不下他，于是决定离开秦国。然而嬴政看出尉缭的心思后便极力劝阻，并任命尉缭为国尉，且为其提供各种优厚待遇。在综合考虑下，尉缭又留在了秦国，并一直尽职尽责。他不但建议秦王嬴政秉承范雎"远交近攻、各个击破"的策略，还进献了离间六国诸侯的计策。他还花费了相当大的精力系统地总结了自己对战争和战略、战术等方面的经验、观点，最终写出了《尉缭子》一书。

尉缭向嬴政上书，对当前形势进行了简单而又精辟的分析。他认为目前秦国虽然强大，但秦国的强大给其他六国带来了严重的威胁，犹如众矢之的，一旦六国形成利益共同体，再次组织联军合作进攻秦国，就会对秦国的发展和前景带来负面的影响。

尉缭告诉嬴政，如果要顺利统一六国，军事强攻只是其中的一个途径，而当前最好的办法是用金钱去腐化别国的官员。那些收了秦国的钱的官员，自然要给秦国办事，最起码不会跟秦国发生争执。等六国的当权派都为秦国所用，一统六国也就指日可待了。

赢政对此深以为然，制定了先从内部将六国分化，然后再展开军事打击的战略步骤。可以说，尉缭对六国的灭亡应该负有不可推卸的责任，但令人不解的是，尉缭作为一名"外籍人士"，为何如此心狠手辣，急切盼望赢政能尽早统一六国呢？

尉缭认为，纵观战国时期，百姓居无定所、食不果腹、衣不遮休，生活境况每况愈下，且连性命都很难得到保障，这所有的根源都在于诸侯国间无休无止的战争。如果自己能施展才学，帮助其中一国一统天下，百姓的这些痛苦就不复存在了，而这个最合适的诸侯国就是秦国。因此，在他心目中，助秦国灭六国，其实是救六国。

尉缭为了天下苍生，摒弃了狭隘的国家和民族观念，全心全意帮助赢政统一六国。他的这一行为不但没有人理解，还受到了六国百姓的指责和谩骂。但尉缭并没有因此退却，就这样，秦王赢政在一帮文臣武将的辅助之下，开始了一场前无古人的宏伟大业。

在秦国整合六国、一统天下期间，很多"外籍人士"起到了举足轻重的作用。除去表现最为出色的李斯、尉缭两位理论型人才外，还有很多实战型人才，如王翦、蒙恬等。正是有了这些优秀人才的奔走效劳，赢政才得以顺利扫除各种障碍，最终实现统一的伟大目标。

在历史上，秦国一直对自己的邻居赵国很感兴趣，因为根据地缘政治学理论，秦国发现，只要吞并了赵国，就能实现北接燕国，东至齐国，中围韩、魏，南通楚国，这对秦国的雄图大业非常重要。正是这个原因，秦赵多次开战，赵国虽屡屡失败，可毕竟是大国，秦国想要彻底将其消灭实在不是简单事。

秦国想灭掉赵国，于是就派人与燕国联系，目的为远交近攻。赵国看透了秦国的计谋，就直接派人去秦国谈判，承诺只要秦国不攻打赵国，赵国就自费对燕开战，战后利益全部归秦国所有。于是在利益的驱动下，燕国成了两国交易的牺牲品。

公元前236年，赵国迫于无奈，武力进攻燕国。为了师出有名，赵国再次喊出了雪"邯郸被围之耻"的口号。这次赵军的战斗力格外高涨，一路上势如破竹，很快拿下了燕国的貍城和阳城。根据协议，赵国把不惜耗费巨大人力物力从燕国掠夺来的物资献给了秦国。

客观地说，赵国攻打燕国的目的并不是那么单纯，它除了想通过这一手段阻止秦国的攻击之外，最主要的目的就是通过攻打燕国，争取到宝贵的时间，从而发展壮大赵国的力量，甚至把战利品献给秦国也是迷惑秦国的一个举动。它的最终目的是灭掉燕国之后和秦国进行一场大决战。

燕国糊里糊涂地受到了赵国的进攻，一直到赵国军队攻打到燕国国内，燕国也没明白过来，本来是秦国和燕国联合攻打赵国，怎么变成了赵国攻击自己？但既然别人已经打到家门口了，还得寻找解决危机的办法才对，燕国想来想去又将目光对准了秦国。

燕国准备派人到秦国寻求帮助，却找不到去秦国的合适路径，想借道韩、魏，但韩赵魏本身是一家，不可能成功。想来想去，要去秦国只剩下赵国这一条路。燕国的使团只好取道赵国，结果被扣留。

但燕国使者最终不仅凭口才让赵国放了行，还成功让秦国出兵赵国。

秦国派王翦、杨端和从西路进发，桓齮从南路进攻，两路大军齐头并进，进攻赵国。对于这些大将来说，去赵国打仗熟门熟路，而且他们对赵国的兵力部署、战术应用、人员素质都一清二楚，仗打起来那是相当轻松，很快就攻取了赵国九座城池。

首都邯郸告急；正在燕国大肆抢掠的赵将庞煖急忙掉转马头，回国救援。但亡羊补牢，为时已晚，秦军已经将赵国南部的广阔平原变成了秦国新的军事基地。这就意味着秦国彻底切断了赵国同魏、韩的联系，而秦军的后勤补给完全可以依靠赵国供给，赵国首都邯郸再也无险可守，变成一座孤城。

这中间，还发生了一段插曲。公元前235年，魏国和楚国之间爆发了一场不该发生的战争，起因还是秦国。魏景湣王是个善于从别人身上汲取教训的人，秦国攻赵之后，他汲取了赵国惨败的教训，认为赵国的失败在于没能早点吞并燕国。魏国目前如果要想不重蹈赵国的覆辙，就应该及早下手吞并楚国，建立起一片抗秦驻地。

看到秦国攻打赵国，魏景湣王决心攻打友邻楚国，原因有三个：其一，楚国地形复杂，战略位置重要；其二，楚国的士兵战斗力不强，战斗素养较差；其三，楚国的政权把持在阴谋家李园手中，国内政局不稳，如果打着为楚除奸的口号，可以争取到很多人的支持，也可以暂时迷惑秦国。

赢政之所以能成就霸业，不是幸运使然，而是他有敏锐的洞察力。在魏国对楚国的小把戏中，赢政看到了其中的猫腻。面对魏国的拙劣表演，赢政思来想去。按目前的情况分析，此时发兵攻魏是下下之策，助魏攻楚才是上上策，只有这样才能实现伤亡耗费的最小化和利益的最大化。因为如果秦国伐魏，必然会损耗魏国和秦国的军事力量，反让楚国坐收渔翁之利。对比魏国和楚国，魏国不过是暂时得势的小人，不会兴起大波浪，而楚国更像是一头沉睡的雄狮，一旦醒来，就会给秦国带来严重的损害。

秦国通知魏景湣王，表示想派兵助魏攻楚，但魏景湣王并不太情愿。因为这样一来，魏国部队的后面就有了一支数量庞大的秦国监军。倘若魏国攻楚不利，秦国到底打谁还是个未知数。但魏景湣王想不出拒绝秦国的理由，只好违心同意秦国的要求。于是秦国与魏国合兵一处，攻打楚国。

赢政派兵协助魏国攻楚，一方面可以了解魏国军队的情况；另一方面可以利用魏国去试探楚国的能力。如此巧妙的计划却没能遇上能完美实施计划的人才，最终导致这场战争惨淡收场。

秦国大将辛梧被派到楚国战场上担任伐楚的秦军指挥。秦国的作战目标是静观其变，伺机而动，力争在秦国的努力下让楚、魏两败俱伤，而辛梧要扮演的是渔翁的角色。

听说秦、魏联合伐楚，楚国令尹李园却并没有惊慌失措。根据他多年的经验，他想用利诱秦国总指挥辛梧的办法来解决这场危机。李园亲自出马，化装成楚国的说客，以秦将井忌为鉴，提醒辛梧：如果秦军得胜，秦、楚修好之后辛梧肯定性命难保，并为其设计了按兵不动的妙计。

辛梧为保全自我，于是采纳了李园的建议，迟迟按兵不动，直到半年后才发兵攻楚。这为楚国争取到了组织防御的时间，楚国也因此暂时免遭灭国的危险。

而在之前大胜的基础上，公元前234年，嬴政又任桓齮为将，正式出兵伐赵。

赵国平时疏于军队建设，外围防守松懈，面对秦国攻击，他们毫无还手之力。桓齮大军长驱直入，一路攻城略地来到赵国的北大门武城，但没想到他们在武城遇到了赵将扈辄率领十万大军前来支援。

但扈辄能力所限，赵国再现长平惨剧，十万赵军被桓齮全歼于武城。眼看回天乏术，赵王迁心如死灰之际想到了一个人，也就是这个人又一次延缓了赵国的灭亡，他就是李牧。

公元前233年，在赵国一路猛进的桓齮暂时休整之后，穿过上党，翻过太行山，突然出现在赤丽、宜安。这两座城池是赵国漳水以西最后的屏障，攻破二城，赵国也就名存实亡了。而赵国的防守能力依旧，几天工夫两座城市就被秦军攻破。消息传回邯郸，舆论哗然，有人已经开始收拾东西准备逃跑了。

李牧正在边关戍边，突然收到赵王迁的命令，要他赶紧回援救驾。于是，李牧冒着匈奴进犯的危险，带领边防军日夜不停地赶往邯郸。

李牧在全国人民的期盼中来到了漳水东岸。此次他接到的任务是援助赤丽、宜安，保卫赵国的西大门。可李牧认为，秦军连续获胜，士气高涨，如仓促迎战，势难取胜。于是他没有立即渡漳水投入战斗，而是宣布大军就地安营扎寨，筑造防御工事，准备抗击秦军。因为李牧明白，如果此时按照赵王迁的意图主动进攻，赵军肯定会惨败而归。

虽然赵王迁多次派人催促李牧渡河，击退秦军，收复赵国的失地，但李牧却清楚地知道秦军此时正张着怀抱等着赵军进入，如此仓促作战，赵军仅存的家底也将无法保全。为了保存赵国的实力，他选择放弃赤丽、宜安两城，坐等合适的战机。

看到赵国的士兵在漳水东岸挖壕沟，堆土方，竖营垒，要与秦军打持久战的意思，桓齮布置的多路伏兵一起诱歼李牧援军的计划无法实施了。

桓齮和李牧隔漳水相望，他们都在等待。桓齮根据赵国国内的情况，在等待赵军因缺乏军费而自行崩溃的那一天；李牧也在等，他在等待秦军出现变动的机会。就这样战场上出现了难得的平静。

随着时间的推移，赵国大军的伙食标准一降再降，连作战部队的粮草也全部减半，李牧仍然在坚持。可桓齮再也忍受不住了，他面对国内激进人士的促战压力，决定放弃以前坚守的必胜之策，主动进攻赵国军队。

桓齮率主力主动进攻赵国肥下，他认为肥下是漳水东岸的战略要地，从战略角度考虑，一旦攻击肥下，赵国绝不会坐视不理，到时只要李牧派兵救援，他就可以设下伏兵与李牧决战，歼敌于运动之中。这是能迅速打破对峙僵局的唯一良策。

桓齮设计引李牧出动，寻求与李牧决战，但李牧面对战略要地肥下被围，根本无动于衷。作为大局观念很强的优秀将领，李牧不是不担心肥下安危，但他更要为赵国的整体安危着想。为了解决肥下危机，他趁秦军攻击肥下的空当，反而命令部队渡河收复赤丽、宜安。

出人意料的是，桓齮听到赵军渡河的消息后，立即停止在肥下的一切军事行动，率领大军就往回赶。

桓齮急于回援自己的大本营，却不料李牧在秦军返回的途中设下埋伏。桓齮的队伍刚渡过漳水，四面八方就出现了赵国骑兵的身影。秦军立足未稳，被赵军击其半渡，一个个成为赵军冲锋的活靶子。秦军遭受到了前所未有的损失。

秦军大败的消息迅速传播，李牧成为赵国人民心中的英雄，而败将桓齮虽侥幸突围，但惧于秦国的苛刻处罚，畏罪潜逃到燕国去了。嬴政盛怒之下，迁怒于桓齮的家人，戮尽其父母亲族，并悬赏千金捉拿桓齮。

第 四 章

统一六国篇
——始皇帝的追梦历程

公元前233年，韩非来到秦国，后被逼自杀。

公元前232年，秦国再次攻赵失利。

公元前230年，韩国灭亡，秦国吹响统一六国号角。

公元前229年，李牧被杀，赵国力量逐渐衰弱。

公元前228年，赵国国都被攻破。

公元前227年，荆轲刺杀嬴政失败，燕王喜逃往辽东。

公元前225年，魏国灭亡。

公元前223年，楚国灭亡。

公元前222年，燕王喜被俘，燕国灭亡。

公元前221年，齐国灭亡。

公元前221年，嬴政统一六国，称秦始皇。

◇◆◇◆◇

　　由于嬴政非常不喜欢《吕氏春秋》中鼓吹的民主思想和重用贤臣、限制君权的理论，也认为其不太适合当时社会，于是他积极努力寻找一套能代替《吕氏春秋》的理论体系。嬴政想利用这套体系对自己的统治地位加以保护和巩固。

　　爱好读书的嬴政偶然间读到了韩非的《五蠹》《孤愤》等文章，这些思想深深地打动了他。比如，《孤愤》认为君主应该牢牢掌握国家的权力，臣子权力过大容易乱国，而《五蠹》则直接提出只有君主专制才能实现国家的长治久安，这些思想和嬴政的想法达到了惊人的一致。

　　于是嬴政对韩非产生了浓厚兴趣，因为韩非的治国理念和嬴政的政治导向暗合。自古知音难觅，嬴政激动的心情难以言表，他很想把这个叫韩非的人聘请到秦国任职。

　　许多人了解韩非是从了解他的一个生理缺陷开始的。韩非，韩国的公子，是有历史记载以来中国地位最高的结巴。他虽然说话结巴，但以博学多才、精通刑名法术闻名列国。

韩非虽是韩国公子，地位尊崇，但他毕竟不是韩国君主，他想把自己一生所学用于报效国家，却遭到韩桓惠王的嫉恨。韩桓惠王怕他影响力过大取代自己，所以一直在政治上打击韩非，甚至韩桓惠王还曾经派人公开斥责韩非子，说他对国家存有二心。

韩非因为口吃，无法在受到韩桓惠王诬陷时为自己争辩，只有愤怒地拿起自己的笔，向世人诉说自己的内心世界，讲解自己的政治主张，出版了诸如《孤愤》《五蠹》《说难》等法家著作。

嬴政也是因此成了韩非的忠实崇拜者。于是他招来廷尉李斯，向他谈起了自己的"偶像"韩非，没想到李斯却告诉他，自己与韩非曾经是同学，关系非同一般。

李斯和韩非的确是同学，但关系其实很一般。在共同学习期间，李斯也是风流才子，但在出身高贵、成绩优异、个性十足的韩非面前，他总是有一种"既生瑜何生亮"的感觉。他曾特意接近韩非，为的是更好地了解韩非，但韩非对他好像一直很无感。

面对许多方面都比自己优秀的韩非，李斯的心情很复杂。他很清楚，自己和韩非或许有一天会成为对手。为了将来能有胜算，李斯要求自己：韩非会的他一定要掌握得更透彻，韩非不会的自己也一定要学会。他高深的权谋诡诈之术正得益于此。

李斯告诉嬴政，韩非虽然学富五车、才高八斗，但恐怕很难为秦所用。首先，韩非本身就是韩国公子，国家观念非常强，这些年他在韩国无所作为主要是性格惹的祸。况且韩国和秦国素来有仇，即使去请，他也不一定愿意来，而且韩国肯定也不会放人。

但嬴政态度坚决，执意要请韩非来秦国。李斯没有办法，便为嬴政献上了一个阴险的计策。他让嬴政发兵攻打韩国，迫使韩王交出韩非。李斯的借刀杀人之计可谓十分阴损，因为一旦攻打韩国，一种可能是韩国被逼交出韩非，另一种可能就是韩王会迁怒于韩非，将其杀掉。不管出现哪种可能，韩非的日子都不会好过。

李斯以为嬴政争夺人才为名，组织大军攻韩。这次名义牵强的战争让韩国陷入了两难境地。以韩国的国力想和秦国对抗，成功率极低，如果为泄愤杀掉韩非，秦国肯定会以此为借口灭掉韩国。为了韩国的利益，韩王决定把韩非交给秦国。

公元前233年，心情复杂的韩非坐上了驶往咸阳的马车。尘土漫天的古道上，在韩王的安排下去辅助秦国的韩非百味杂陈。他最大的心愿就是治国安邦，可笑的是韩国吝啬于给他一个展示的机会。四十多年壮志未酬，他早已经心灰意冷，秦国却在这个时候给了自己实现梦想的舞台，而他又要竭力保住韩国，解韩国被攻的危机。

嬴政对韩非来到秦国一事非常重视。在韩非进入咸阳时，不仅街头人山人海、锣鼓喧天，嬴政更是出城十里亲自相迎。面对如此礼遇，韩非也有些许激动。

韩非到秦国之后的几天里，时刻被嬴政的盛情款待感动着。不过韩非头脑很清醒，时刻谨记着自己来秦国的原因和目的。于是，他写了一篇《存韩》论文，报于嬴政，规劝其休兵止戈，放过韩国。

为了挽救祖国的大好河山，韩非在《存韩》中不仅强调了韩、秦的友谊，还运用自己扎实的理论告诉嬴政，如果秦国陷入与韩国战争的泥潭，那些诸侯国肯定不会安分守己。而目前魏国、楚国、齐国、赵国都还有一定的实力，如果他们再来一场规模巨大的合纵攻秦，秦国必然难以应付。所以，秦国应该立即停止侵略韩国，联合魏楚孤立赵国，再去消灭赵国。

并且他还跟嬴政分析说，赵国刚刚取得肥下大胜，在胜利的鼓舞下，赵王迁肯定会趁机搞合纵以扩大对秦的胜果。因此，秦国更应该将灭赵作为现阶段的首要任务。

嬴政仔细分析了韩非的这些论调，最后认为，韩非的话绝非危言耸听，秦国攻韩确实有弊端。韩国如今虽地盘缩小，综合国力衰弱，但其地理位置优越，把持着东南西北道路的咽喉要塞，城坚池厚，易守难攻，要想灭韩绝非一日之功。于是他头脑一热，就准备下令停止攻韩。这时一直头脑冷静的李斯给他泼了一盆冷水。李斯觉得，韩非的论调完全是爱国思想在作怪，是典型的救韩理论，虽然赵国也该攻打，而且赵国确实有号召合纵的嫌疑，但这都是建立在秦国攻韩不利的条件上，因此，加速攻韩才是正道。

看到自己好不容易争取到的存韩方略要被李斯搅黄，韩非内心相当愤怒。更可气的是，李斯还认为秦国应该加速进攻韩国，如果这个建议被采纳，韩非忍辱赴秦的目的就又成了一场空，这让韩非如何面对韩国父老？

韩非和李斯在停止攻韩还是加速攻韩方面的争论，表面看完全是方法论的争论，都是为了秦国着想，一时间到底同意谁的观点，嬴政有点难以把握，于是下令搁置问题。

战国是一段精彩纷呈的历史，有人靠武功留名，有人靠诗书传世，而秦国姚贾凭着重宝和巧舌，在几年时间里周旋于各诸侯国之间，向各国贵族行贿，扩大了秦国的影响力，对秦国功不可没。姚贾功成名就后少不了加官晋爵，还受到朝野上下的一致赞赏，但这些人中并不包括旅居秦国的韩非。

世人皆赞姚贾之功，韩非却逆流而动，向嬴政进言弹劾姚贾，说姚贾用世人不齿的手段虽然达到了目的，却败坏了秦国的形象。本身姚贾就出身卑贱，还曾有偷鸡摸狗的恶习，因这些问题他甚至被赵国驱逐出境，如果此人得势必定祸国殃民。可韩非忘了宁肯得罪君子也不得罪小人的道理，最终因此丢掉了性命。

在韩非的反对声中，嬴政对姚贾进行了质询。姚贾处变不惊，反问嬴政用财宝贿赂各国权臣是不是受了王命？受益对象是不是秦国？既然都是，那么他认为自己不应该受到无端指责，觉得自己君子坦荡荡。

姚贾凭着自己的三寸不烂之舌，不但撇清了自己的行贿问题，还利用具体事例告诉嬴政，出身不好不是自己的错，要惩罚只能惩罚自己早已死去的爹娘，而且他还说自己在赵国时因作风问题曾被驱逐出境，这都怪赵王无德，现在不犯这些错误就是因为嬴政情操高尚，领导得好。

嬴政听到这些话感到非常受用，然后姚贾又摆事实、讲道理，以姜太公、管仲、百里奚等人为例，说明一个人的出身低贱和名声不好并不妨碍效忠于明主。结果可想而知，姚贾又获封赏。

韩非本来想用向秦王弹劾的方式让姚贾下台，没想到适得其反，姚贾反而又得到了嬴政的赏赐，这让韩非懊恼神伤。而被韩非弹劾的姚贾也是气不打一处来，自己正春风得意，却被人在背后参了一本，这个冤仇算是结定了。姚贾是个地地道道的小人，如果不除掉韩非，他绝不会甘心。于是他抱着不扳倒韩非誓不罢休的目的，找到了李斯。为了扩大自己的阵营，二人又纠集了一批反对韩非的人士。多次密谋之后，他们想到了一个能置韩非于死地的招数。

一天早上，朝堂之上，韩非突然迈着轻快的步伐走到前边，大声说道："我有话要说！"就算他不说，人们都知道他要说什么。从韩非进入秦国之后，他每天数次的停止攻韩论调已成了保留话题，而且每次都遭到秦国朝臣责难，但由于结巴，他每次都无法辩论出结果。

这次，韩非照例在讲解已经说过多次的攻赵存韩的道理，谁知一向打死不开口的姚贾站了出来，指责韩非一派胡言、妖言惑众，并当场指出韩非宣传的理念名义上是为秦国着想，实际上是为了弱秦，而且韩非自来秦之后一直提出不和谐论调，如果任由韩非信口开河，秦国危矣。

嬴政听到姚贾对韩非的指责，再次显示出了对有功之人的信任和推崇，当即认为姚贾言之有理，并对韩非产生了深深的怀疑。

姚贾在嬴政面前挑拨韩非的言论收到效果以后，李斯乘胜追击，向嬴政说：姚贾游遍六国促进了各国之间的和谐与发展，是个眼界开阔的君子，他的话应该很有见地。而韩非到处挑拨离间，让秦国君臣烦恼不已，此人不宜久留。

韩非看到同窗好友李斯主动攻击自己，非常气恼，准备和李斯辩论一番，谁知越气越结巴，一直支支吾吾得让人不知所云。姚贾得到李斯的支持后更是有了底气，扑通一声跪倒在地，请求嬴政为了秦国的安定与和谐，为了秦国的统一大业，杀掉韩非。韩非结巴得再也说不出一个字。

嬴政为什么要邀请韩非入秦，当然是想让韩非的大才为秦国所用。一个胸藏治国术、能敌百万兵的韩非，确实是不可或缺的人才，但现在看来不但没能达到目的，反而给国家政治带来严重的不平衡。韩非的到来打破了秦朝行政机构中的和谐局面，重用韩非也让李斯这群旧臣不平，和韩非之间产生了许多矛盾。

嬴政虽然年轻，却是在战斗中学习成长起来的，他明白，其实存韩攻赵无所谓，韩非的出身和政治倾向也无所谓，有所谓的是由于重用韩非导致李斯等人的权力被弱化，大权旁落韩非，这才是这场斗争的关键所在。总之，是利益在作怪。

稳定是发展的基石，嬴政纵然欣赏韩非，也不能无视群臣的意见，只有忍痛割舍一方才能换来朝堂和谐。

但韩非毕竟是嬴政请来的治国安邦之大才，如果要杀掉，肯定会招来无数的闲话，还会受到历史的谴责，嬴政可没这么傻。他能做的，就是把韩非交给李斯去处理。

李斯念及昔日同窗之情，希望他死得有尊严，便给了他毒药，让他自杀。等到嬴政动了恻隐之心，下诏释放韩非的时候，为时已晚，韩非已经驾鹤西去。

韩非作为一代大家，做学问可能无人能及，但他偏要在这纷纷扰扰的世界中看个清清楚楚、明明白白，这是明智之人所做的不智之事。

关于韩非之死，后世有无数的韩非崇拜者都在口诛笔伐李斯、姚贾，但韩非之死能单纯地怪罪某几个人吗？乱世之下，政局波谲云诡，韩非曾经写的《说难》里，论尽了游说之难。现实中他更清楚劝秦存韩的困难程度，他明知不可为而为之，勇气可嘉。但真正聪明的人，选择斗争的方式都是刚柔并济、曲线变化的，韩非却一味刚猛，锋芒毕露，才能太过难免会让人恐惧。嬴政之所以选择弃用韩非，可能也是缘于此故。

韩非死后，秦国看在韩非的面子上暂时没对韩国动武，于是他们又把目光投向了一墙之隔的邻居赵国。公元前232年，秦国再次发布战争动员令，集全国之精锐兵力征讨赵国。秦国这次兵分南北两路，一路从山西经太原攻取狼孟、番吾，另一路渡漳水，攻取邺城，对邯郸形成合围之势。

战争对于秦国来说是家常便饭，但事关国家命运前途，嬴政每次都很重视。这次攻赵前，嬴政与李斯、尉缭专门对此战进行了可行性分析。三人一致认为，自从桓齮兵败之后，秦军士气低落，缺乏战斗的信心，应该用一次胜仗激励秦军士兵。

李牧率赵军击败秦军后，名声就越来越响亮，这次秦国攻赵，点名让李牧出战。

在赵国人心中，李牧就是英雄，是一堵移动的长城，他不但可以阻止入侵、抵抗外辱，更能给赵国带来无尽的尊严，破匈奴之战、肥之战就是实例。因此，老百姓把李牧当作能征善讨、战无不胜的门神贴在门口，还专为李牧建造了原来只有神明才有的祠堂为李牧祈福，希望他能够庇佑赵国人民。

但几次大战，赵国损失惨重，赵军如今的实力太弱了，实在没有能力同时阻挡秦国的两路大军。父老的希望，残酷的现实，让李牧决定冒一把风险，集中优势兵力，孤注一掷，首先发兵番吾，痛击一路秦军，力争迅速取得胜利，再回师阻击另一路秦军。这样虽然风险巨大，但若想胜利别无他法。李牧这场"赌博"，赌注可是赵国无数将士的性命和赵国的前途命运，他承受的压力可想而知。

时间就是赵军的性命，早与秦军开战，赵国就能多一分胜算，而且番吾地区多为山地，地形复杂，对于主场作战的赵军来说，胜利的把握比较大。

李牧是战国时期一流的军事人才，秦军攻赵时设计南北夹攻的方案就是为了让赵国兵力分散，从而削弱赵国的集中作战能力。但李牧不走寻常路，粉碎了对手的阴谋，打乱了秦军的计划。当李牧的军队来到番吾之后，秦军队伍一度慌乱起来。

不过秦军很快便镇定了下来。他们认为，赵军数百里长途奔袭，在没有休整的情况下就让先头部队直冲敌军，还命令骑兵部队从侧翼展开攻击，这无疑是自杀式战术，与让赵国士兵白白送死无异。

秦军素来强悍，但也常有轻敌的毛病，而且秦军仗着强大的正面作战能力，往往会放松对侧翼和后方的防护。李牧正是看透了这一点，所以才趁秦军没有防备的时候发动猛攻，寄希望于两翼突击的骑兵能够出其不意。这下秦军再次成就了李牧，大败而归。

李牧战胜番吾秦军乘胜回援邺城的时候，竟然发现进攻这里的秦军不战而溃。原来番吾的失败让秦军吓破了胆，他们已经失去了对抗李牧的勇气。李牧再次显示了高超的军事指挥才能，成了战国后期唯一一位克秦大将。

嬴政在为秦赵之战接二连三的失败大发雷霆之时，作为战胜国国君的赵王迁却也一直愁眉苦脸。尽管赵国再次取得了对秦作战的胜利，全国一片欢腾，可暗地里大家都知道，战胜秦国只会遭到秦国更为猛烈的报复。而且两次战争给赵国增添了数十万的亡魂，战争的资费也让国库难以支撑。

曾经，赵悼襄王在位时，相国司马空提出，可以赂秦以半数国土。他认为，表面上的割地会换来秦国的骄横，其余诸侯的恐慌，合纵阵线的形成，实则对赵国有利之计，但赵悼襄王并未采纳。

如今，在赵王迁左右为难之时，有人却愿意以此法求得自保。公元前231年，韩王安主动将韩国的南阳赠给了秦国。南阳自古产玉，在战国时期玉石是权势、地位、财富的象征，南阳因此成为战国最富饶的地方。此次韩国为了国家安全无偿转让南阳地块，让秦国感到了韩国的忠诚。

韩王安是个有小算盘的君主，他表面上向秦国献上了南阳之地，但其实此地历来被秦、韩、楚三国瓜分，韩国只是占据着一小部分。如今韩国主动放弃，一方面是表明坚决向秦国靠拢的决心；另一方面是要孤立楚国，增加秦楚之间的矛盾，缓解韩国的生存压力。赵王迁看到这些诸侯国纷纷向秦国割地以求自保，不禁更加惶惶而不可终日。

而当李牧再次将秦军打得丢盔弃甲的消息快马加鞭传到咸阳时，朝堂之下人们是热火朝天、议论纷纷，可朝堂上的人们却是一个个缄口不言、战战兢兢，头都不敢抬。就在秦国的大臣在恐惧中噤若寒蝉时，战胜国赵国的大臣们也每天生活在水深火热的极度恐惧之中。他们在收到赵国大胜的消息之后就已经感觉到，秦国肯定不甘心这种接二连三的失败，总有一天会大肆报复，到时不仅是官位不保，甚至连性命都堪忧。

胜败乃兵家常事。嬴政没有因为和赵国两次较量的失败而丧失信心，相反，屡次失败激起了他心中的斗志，他要让赵国为此战付出亡国灭种的代价。

一直横扫六国的秦国却接连在赵国面前吃了两次大亏，于是秦国急需一场胜利来震慑六国。可拿谁开刀呢？赵国是最好的目标，打败赵国最能振奋士气。可是赵国新胜，士气高涨，再加上依旧是李牧主持军事工作，于是嬴政将目标转向了刚刚进献南阳以求自保的韩国，决定攻击韩国。

公元前231年，嬴政以派遣南阳代理太守为名，委派内史腾率军前往南阳接收韩国敬献的领地。之所以让他做代理太守，并且多次暗示内史腾，是因为要想去掉代理二字，必须灭掉韩国才有可能。

内史腾接到嬴政模棱两可的任务后，马上就明白了嬴政的意图。他来到南阳后，立即在南阳进行了以备战为目标的一系列积极举措，征讨民工重新筑高城墙，并进行轰轰烈烈的大生产运动，扩充军备，做好攻韩的战前准备。

韩王安一度为自己的献地之策而沾沾自喜，认为韩国虽然失掉了丁点儿的利益，但从此可以高枕无忧，实在是太值得了。可就在公元前230年，韩王安听到了一个足以让他心惊胆战的消息：秦国特使、代理南阳太守内史腾突然率兵南下黄河，目标直指韩国国境。

韩王安机关算尽不但没能圆梦，反而得到了最坏的结局，万分气恼。就在他赶忙召集群臣商议应对策略未果时，来势汹汹的秦军就已经让迎战匆忙的韩军全军覆没。这场实力悬殊的对决导致的最直接的结果就是，在短短几个月内，内史腾就攻破了韩都新郑城，韩王安被俘，韩国最终灭亡。

看到韩王安被俘的下场，魏景潛王迫于秦国的强大威力，不得不同样采用下下策的缓兵之计——割地，主动向秦国献出了城池，这也使得魏国又维持了数年残局。

韩国的灭亡让赵、魏感到了生存的危机。想当年韩国率领赵、魏破齐，那是多么风光，周威烈王亲自下诏册封他们为诸侯。这才百余年光景，昔日强盛的韩国就在地图上被彻底抹掉了，取而代之的是秦国的颍川郡。韩王安被政治流亡，立下大功的内史腾被封为颍川郡守。

韩国的灭亡和韩王安的下场同时也让他们清醒地认识

到，这其实是嬴政发出的与各国决裂的信号。他要让世人感受到秦国的军事力量，让六国在这种恐怖的氛围中彻底丧失斗争意志，他是在向六国传达"顺秦者亡、逆秦者恒亡"的可怕信号。

韩国灭亡的这一年，是战国历史上又一个多事之秋。嬴政在诸侯国间掀起了血雨腥风，使各国在秦国大军的威胁之下，一直战战兢兢，毫无抵抗能力。他们非常明白秦国的野心，无奈之下只好做好殊死挣扎的准备，因为他们清楚，如果扛不住就只有死路一条。

亡国灭种的恐怖阴云在各诸侯国头顶上笼罩着，天公似乎也在用自己的方式证实着众人的猜测。这一年卫国卫元君薨，而赵国又发生了百年难遇的大旱，赵国国内颗粒无收。由于抗灾机制不健全，百姓因饥饿大批死去。

赵国正遭受着严重的自然灾害，一直想向赵国报仇雪耻的秦国终于等来了机会。嬴政不失时机地派遣王翦率领秦军再一次会师赵国。这位经历过保卫咸阳之战、平定嫪毐之乱等大场面的军事统帅，此次的目标就是打败不败之神李牧，彻底消除秦军对李牧的恐惧之心，替嬴政排解忧患，为秦国的终极目标建立不朽的功勋。

秦国攻赵的传统作战模式就是兵分两路，这次王翦没有吸取以往的经验教训，依然沿用了传统的模式，南北对攻。北路大军由王翦率领，出上党，过井陉，翻太行以击赵国；南路大军由杨端和统领，驱河内之兵，渡漳水直插赵国腹地。他的作战思路和以往相同，就是想让赵军在两路夹攻下首尾不得兼顾。

依照军事实力，秦赵两国相差悬殊，虽然赵国曾在秦赵之战中险胜两回，但那都不是真正实力的对抗结果。尤其是这次赵国又遭遇荒灾，战局应该呈现赵国节节败退的局面才对，然而李牧却依靠长城之险和秦军玩起了拖字诀，让秦军陷入了有劲使不出的苦恼境地。如果赵军一直据险而守，那么秦国将会因承担不起巨大的战争消耗，最终不战而退。若是在秦军撤退的过程中赵国再能找准机会，秦国还有失败的可能。

眼看秦军强攻数月却不得寸功，嬴政便整日与群臣在一起商议应对李牧的办法，还邀请来尉缭商讨破赵良策。但大家仍然没有找到李牧的软肋，这让嬴政很是头疼。

就在嬴政对李牧无计可施之时，尉缭突然想起了范雎。当年为了让秦军脱离攻赵不力的泥潭，范雎用流言蜚语迫使赵孝成王临阵换帅，调走老将廉颇，招致赵国长平之败。尉缭由此灵机一动，突然大吼一声："李牧可破矣！"

尉缭想到了一个对付李牧的好办法——调走李牧。他的这一想法让众人嗤之以鼻。如果直接命令能让李牧调走，除非是李牧自身出了问题才有可能，再想使用当年调走廉颇的计策，赵国肯定不会再上当了，显然不行。

在众人不解的目光中，尉缭分析说，在战场上头脑简单的人、过分爱惜生命的人、容易冲动的人、重情重义的人和治军严谨且爱护百姓的人如果为将，更加容易给战场带来毁灭性的伤害。李牧虽为当世名将，但其过分爱护百姓且重情重义，这便是他的软肋，掌握这一点打败李牧就易如反掌。

尉缭想再次利用搬弄是非让廉颇客死他乡的郭开来置李牧于死地。于是嬴政派人携重金登门拜访郭开，让郭开给赵王迁吹耳边风，就说李牧和司马尚有谋反的迹象，不宜在前线领兵。在重金赏赐的诱惑下，郭开立刻就答应了。

郭开秘密策划对李牧下手，他向赵王迁汇报说自己已经得到可靠情报，李牧、司马尚二人拥兵自重，他们正跟秦国谈判投降后的待遇问题，一旦近日谈判成功肯定会率军谋反，希望赵王能早做决断，扼杀危险于萌芽之中。

赵王迁是个软耳朵的人，是非观念本就不强，更容易听信谗言。这次郭开诬陷李牧二人，赵王迁根本不去调查真伪，本着疑人不用的原理，就立即颁发命令解除李牧、司马尚的军权，即刻起押解回邯郸受审。

在后廉颇时代，赵国之所以边境稳固，秦军之所以屡次败于赵国之手，全靠李牧的苦苦支撑。李牧就像赵军的一面旗帜，而现在旗帜将要被郭开的小人之风刮倒了。在李牧收到赵王迁的逮捕令后，考虑到自己一旦离开必然导致军心不稳，就以将在外军令有所不受为借口，没有理会赵王迁的命令。

有了上次与李牧的对决，秦国军队似乎有了"恐李牧症"，军队在前线推进的速度非常慢。但嬴政并不着急，因为在与赵国决战的方针政策中，除了军事措施，他还有另一方法。果然在李牧的"将在外军令有所不受"这句话的配合下，赵王迁更是对李牧、司马尚二人有谋反之心深信不疑。此时任谁也救不了李牧了。

在嬴政的计划中，只要能将李牧调离前线便可万事大吉。赵王迁的本意也只是希望李牧能乖乖回去解释清楚，并没有想杀掉李牧。然而李牧却只是考虑一定要坚持打完抗秦的最后一战。李牧的忠心为民正中郭开下怀，他也由嫌疑人的身份变成了叛国者。

在赵王迁的压迫下，他拒不交出兵权，这件事为他招来了杀身之祸，同时也连累了司马尚。

缺少了李牧的赵军就像是无头的苍蝇，变成了一盘散沙。而他在的时候，赵国全民皆兵，连百姓都训练有素，只要秦军有任何风吹草动，马上一传十，十传百，乃至成千上万。因此秦军除了要花大部分兵力对付赵国的正规主力军之外，还得下大功夫对付群众。

如今李牧就这么稀里糊涂地被小人解决了，不知道一代名将将死时有没有搞明白，到底是什么原因让自己的一腔报国热血变成了被判处死刑的依据。赵国对李牧的不公平待遇，最终只能用国家亡国灭种的代价来偿还。

公元前229年，正在遭受人祸的赵国又偏偏遇到了大地震和灾荒，房屋倒塌严重，百姓死的死、伤的伤，本来生活就困苦的赵国百姓生活得更加不堪，综合国力也因此迅速降低。

公元前228年，随着李牧的死，赵国的边防制度彻底瘫痪，人心涣散，队伍也如一盘散沙。李牧的继任者赵葱此时彻底显现出了他的无能，但即便他才华出众，换了核心主将的队伍也还要有一段时间的磨合才行，更何况并无将才的他仅仅是靠着赵王迁对他比较信任才上台的呢。

果不其然，新任主将赵葱很快就被王翦阵前诛杀。此时，赵军战斗意志彻底崩溃，秦军如入无人之境。王翦一路攻城略地，直取东阳，并且所到之处都会建立临时政权，尽快地对当地的管理进行交接。

本来秦国就对赵国有想法，只是由于赵国有李牧而不能轻易得手。现在李牧死了，赵国又经受百年难遇的自然灾害，国力空虚。趁此机会，公元前228年，王翦方面军与杨端和率领的南路方面军胜利会师，两兵合为一处，一举攻破赵国都城邯郸。攻下邯郸后，秦军俘赵王迁，赵国公子嘉逃代称王。公元前222年，秦灭代，俘公子嘉，赵国最终灭亡。

邯郸被占领后，按照大秦律例，赵国成为秦国的一个郡。同时，赵国历史上的繁华也随之褪去，辉煌不再。

有句诗是这样说的："风萧萧兮易水寒，壮士一去兮不复还。"这句诗讲的就是荆轲的故事，这是一个勇者的故事。逆流而上的荆轲，虽没有搏过汹涌的浪头，却因为勇气而留名青史。

在战国历史上，讲到荆轲刺秦王这段历史的时候，似乎荆轲成了唯一的主角，其他的人物好像都不那么重要了，都成了英雄旁边的点缀。但是这次刺杀行动的实际决策者不能不提，那就是燕太子丹。

公元前232年，燕王喜派太子丹前往秦国做人质，而已经成为秦王的嬴政对太子丹并不友好。于是太子丹抓住那时李牧大败秦军、嬴政对他监管不严的机会，逃脱了。带着布满创伤的心灵，拖着残破不堪的身躯，燕太子丹回归燕国。

燕国屡受秦国欺负，可能有些人都习惯了，但燕国太子丹习惯不了，他决定报仇。可燕国弱小，当他拿着燕国的地图看了看，再拿起秦国的地图看了看，便灰心起来。如果硬打，无疑是拿着鸡蛋碰石头。硬拼不行，只有智取。

燕太子丹连续数日都在苦想报仇的办法，最终终于想出了刺杀秦王一计。此计一出，大家都认为燕太子丹的想法太过幼稚，只能用漏洞百出来形容。嬴政英明神武、礼贤下士、重用人才，不仅秦国百姓拥戴，秦军将士也都心生爱戴。这也是物换星移，几度春秋，嬴政能够历经宫廷变故而始终稳坐王位、不动如山的原因。想让秦国生乱，只会给四国招致更大的兵患。

燕国谋士鞠武抱着惩前毖后的思想不得不对燕太子丹的"完美计划"给予打击。他首先利用各国历史的案例告诉太子丹，这么做是行不通的。太子丹不予理会。他又告诫太子丹，刺杀失败之时即燕国灭亡之日，太子丹仍旧不理。

鞠武看出给太子丹晓之以理不行，就问了太子丹四个问题：刺客上朝，肯定要经过复杂的验身，凶器如何携带？刺客需要近身，秦国朝堂文武百官俱在，如何靠近秦王？倘若刺客得手，秦王答应而大臣又拒不履约，燕国如何？秦王死不应允，而刺客痛下杀手，那么秦国必然会兴兵报复于燕，燕国如何避祸？

四个问题问得太子丹一时不知所措，考虑到自己的行动计划的确有失水准，他便向恩师鞠武询问有何良策。鞠武回答道："刺杀秦王断不可为，而今之计，应是燕国西与魏、东与齐、南与楚相联合共同抗秦，同时再北上跟匈奴讲和，引进强有力的外援，四海同心，其利断金。只有采取这种方式，燕国才能避免被亡国灭种的危险。"

听到鞠武要四处联合、广招外援的破秦计划，太子丹虽未否定，但是考虑到这样一来，报仇计划的周期将无限延长，如果依照他的那个方法去操作，估计自己在有生之年都难以看到。所以，性子急躁的太子丹便委婉地否决了鞠武的提议，还是坚持自己的刺杀秦王的想法。

燕国地处北部，临近边荒，属于名副其实的"多方不管"地区。由于地理位置特殊，再加上燕国国土面积狭小，人口稀少，根本无法和其他大国相抗衡，所以燕国在各诸侯国之间一直保持中立，没有签订任何的"引渡条款"，向来是各国通缉要犯藏身匿迹的不二之选。久而久之，这里成了穷凶极恶之徒的集散地。

蓟城作为燕之国都，远没有它表象上那么清乐安平。街市上笑容可掬的商贩，若干年前可能还是刀头舔血之辈。大路上衣衫褴褛的乞丐，兴许也曾是列国的英雄豪杰。

是江湖就有规矩，他们信奉能力至上的原则，拿拳头说话，谁打得赢就可以制定规则。蓟城地下势力最大的人就是田光。此人出身未知，来历不详，不过为人仗义疏财，交友庞杂，市井里摸爬滚打几十年，倒也混出了一片天地。

秦军灭赵的过程中，势如破竹。于是秦军借着刚灭了赵国的气势，准备一举吞并燕国。狼子野心，路人皆知。燕国上下无不诚惶诚恐，无计可施的燕太子丹最终只能孤注一掷地选择了刺杀秦王的办法。他明知暗杀有很大的风险，但现在已经完全顾不上了。

形势逼人，太子丹执着地认为要想燕国免除灭亡之灾，还是自己的刺杀秦王计划比较可行。不过经过反复思考，深知暗杀风险与后果的太子丹找到了刺杀的要害，他必须找到一个可靠的杀手去执行。他首先去找了田光。

然而田光却委婉地拒绝了太子丹，说自己是一匹年迈的老马，虽然有意为燕国效力来报答燕国的收留，可毕竟年纪大了，心有余而力不足，让太子丹另请高明。田光的话让太子丹垂头丧气，便再次询问田光是否还有合适的人选。

知道此次行动关乎燕国的命运，且多半是有去无回，于是田光毅然决然地将荆轲介绍给了太子丹。他告诉太子丹，荆轲性内敛不善言谈，为人深沉，精通谋略，可以去刺杀秦王。

荆轲在燕国整日于市井之中放歌纵酒，酒醉之后常旁若无人地与好友高渐离相对而泣，感慨不得当权者重用。太子丹向其袒露心声，希望他能完成刺杀秦王的计划，拯救燕国。荆轲一开始委婉拒绝了太子丹的请求，但太子丹将他尊为上卿，给他提供了极为丰厚的待遇，最终荆轲还是答应了。

此次刺杀行动目的是要迫使秦王归还侵占的土地，若是秦王同意了还可；若秦王不答应，就将其刺死，然后趁秦国内乱联合各诸侯一起攻秦。

此时秦军将领王翦率领大军已经到了燕国的南部边界，心急如焚的太子丹对荆轲说："如若秦军渡过易水，我军则不可敌，望荆卿早做打算。"荆轲回答道："臣愿竭尽所能为太子效力，但就算臣现在前往秦国，也未必能接近秦王。而秦王正以千两黄金、万户食邑悬赏樊将军的首级，如若能让臣带着樊将军的首级和燕国督亢的地图去见秦王，秦王定会见臣，臣才有机会可施。"然而，太子丹念及樊於期在穷困时投靠于他，实在于心不忍，便否决了荆轲的提议。

荆轲看出燕太子丹不忍对樊於期下手，就私下去找樊於期，晓之以理，动之以情，最终激起了樊於期对秦国、秦王的愤怒。为了配合燕国的计划，樊於期愿意献出自己的头颅，最终他拔剑自刎。

工欲善其事，必先利其器。太子丹为了增加荆轲刺杀秦王时的成功概率，特意预先准备了一把天下最锋利的匕首，浸泡毒药并加以淬火，藏在准备献出的地图里。他还为荆轲找到了一个叫秦舞阳的副手，希望能助荆轲一臂之力。

荆轲出发的那一天，前来相送的不仅仅有太子丹和他的门客，还有荆轲的好友高渐离。他们来到了易水边，击筑高歌，像是最后的送别："风萧萧兮易水寒，壮士一去兮不复还！"歌声悲壮，在易水上空飘荡。荆轲唱罢，带着秦舞阳跳上马车，扬长西去。

在高速行驶的马车上，荆轲面色平静但心潮澎湃。易水再凉，也冷却不了燕太子丹及壮士们的报国热情；易水再急，也影响不了太子丹及壮士们报国的决心。风声再起，易水上空一群乌鸦飞过，朝着秦国的方向哀鸣，仿佛看到了燕国勇士们的命运。

身负燕太子丹的重托，到达秦国咸阳后，人生地不熟的荆轲和秦舞阳拿着价值千金的礼物收买了秦王的宠臣蒙嘉，让他去禀报秦王，争取获得接见。

嬴政疑心很重，不轻易见客，不过这次他听说燕国派使者送来了樊於期的首级和燕国督亢的地图，满心欢喜，当即决定为荆轲和秦舞阳办一场最高级别的接待晚宴，地点还特意选在了咸阳宫。

得到秦王召见的消息后，荆轲和秦舞阳每人捧着一个精致的盒子雄赳赳气昂昂，一前一后地走进了咸阳宫。他们手中，樊於期的首级在前，割地地图在后，他们抱着必死的决心，要用这颗人头和大片肥沃土地为饵，要了嬴政的性命。

可刚走进宫殿的大门，秦舞阳突然脸色发白、浑身发抖。荆轲发现后马上上前谢罪："北方藩属蛮夷之地的粗野人，没见过世面，更没见过天子，所以有些害怕，请大王见谅。"一直想着割地地图的嬴政得意忘形，并没有多想。

随后，嬴政让荆轲将进献的地图拿了过去。嬴政拿着地图一边看，一边展开。突然，在地图完全展开时，一把寒光闪闪的匕首出现在了图卷里。趁嬴政一愣神儿的时机，荆轲迅速拿起匕首抓住他的衣袖向其刺去。

就在荆轲对着嬴政奋力一刺时，嬴政从座位上一跃而起，用力挣断衣袖。断了衣袖的嬴政慌忙地想拔出佩剑，无奈剑太长，慌乱之中一时难以拔出，只得绕着柱子躲避。

荆轲在秦国大殿追赶嬴政，群臣都惊慌失措，一个个失去了常态。秦国朝廷上的官员多是文官，少有的武将也不允许佩剑进入，这时他们只能干着急，有些机灵的也只能拿起手边的杯子、碗朝荆轲砸去，而嬴政的随从医官夏无且甚至拿起药袋，朝荆轲击去。

荆轲拿着锋利的匕首穷追不舍，嬴政只顾着逃跑，一时也不知如何是好。这时忽然有人提醒他：将佩剑放在背上拔出来！一语惊醒梦中人，嬴政照着这话拔出了宝剑，挥剑便砍断了荆轲的左腿。

就在荆轲中剑倒地的一刹那，他还孤注一掷地将匕首向着秦王投去，不过运气不佳没能命中目标。遍体鳞伤、倚在柱子上的荆轲知道事情已经失败，最后竟然笑了起来。

其实即使荆轲成功，历史大潮浩浩汤汤，肯定也不会因为荆轲刺杀掉嬴政就阻止了燕国的灭亡。但是，许多人还是对这段历史津津乐道，因为人们从中看到了忠诚和勇气。

公元前227年，愤恨的秦国立即挥师东去，一年内就拿下了燕国的蓟城，燕王喜与太子丹逃往辽东郡。决心揪出主谋太子丹的秦军穷追不舍，并派李信率数千骑兵追至衍水。从小在易水边长大、深熟水性的太子丹口含稻草秆，潜伏于水中才幸免于难。

但燕王喜为了活命，经过权衡利害关系后，竟将太子丹杀掉，并将其首级献给秦国，想以此讨好秦王嬴政，再为燕国、为自己争取一些时间。

燕太子丹为了国家策划了"刺秦计划"，虽然最后没有成功，但至今仍为人们津津乐道。而燕王喜虽为国君，却贪生怕死，亲手杀掉了太子丹向秦国献媚，最终也只是暂时延缓了燕国的灭亡，因为这时秦国又把目光转向了富饶的楚国。

楚国当时所处的地理位置极佳，地处南方，疆域辽阔，山林茂密，物产丰富，号称有百万人口。公元前261年，楚国趁秦赵两国开战的时候攻取了鲁国的徐州并将鲁灭亡。那时楚国的地盘虽然比不上秦国，但也相当大了。

可大有大的难处，国家实力逐渐强大的楚国自然而然地成了众矢之的，秦国当然也不会容它。秦国一心想找个机会对其进行打击，即使不能斩草除根，最起码也要重挫一下，以限制楚国的发展。

那时楚国虽然扩张较快，但内政不振，宗室贵族争权夺利，管理十分混乱。公元前228年，楚幽王还没来得及留下遗诏就撒手人寰，楚国大臣们为了各自的利益发生内讧，短时间内竟换了哀王、负刍两位君王。

相比楚国来说，秦国随着不断发展壮大，不但注重生产经营，还特别注重对天下有用人才的培养和引进，国家政治稳定，百姓生活安定。自古无论国家也好，家庭也罢，内部不团结往往就会被别人欺负甚至最终导致毁灭。正在谋求统一大计的秦国了解了楚国的混乱局面之后，遂当机立断，将下一个目标选定为楚国。

公元前225年，秦国与楚国的决战在即，可攻打楚国的将领一直还没定下来。青年将领中最出色的莫过于李信，而老将中最适合的莫过于王翦。

面对李信、王翦两位人选，嬴政只有一个问题：需要多少人马？年轻气盛的李信说二十万，而经验丰富的王翦说非六十万不可。最终嬴政派李信领军二十万南下伐楚，同时也应允了王翦告老还乡的请求。

秦楚大战正式开始时，李信刚开始果真不负众望地连打了几次胜仗。但在灭门之危面前，楚军也并不气馁，从上到下都拿出了玩儿命的心态。项燕尾追秦军三天三夜，最终奇袭成功。秦军在慌乱之中损失惨重，大败而归。

当战败的消息传来之后，嬴政后悔莫及，现在他终于明白了当初王翦提出的非六十万大军不能彻底灭楚的论断是正确的。战败后的嬴政痛定思痛，又把目光投向了王翦。

为了请老将王翦出山，嬴政做了一个让王翦特别感动的举动。他特地赶到了王翦的故乡频阳，放下架子，亲自邀请王翦出山。一向谨慎的老将王翦还是坚持自己非六十万兵力不可的观点，获得嬴政的应允后终于答应出山。

六十万军队几乎倾尽了秦国军力，王翦带着这六十万大军浩浩荡荡地出征了，不成功便成仁。临行前，为了消除嬴政的疑心，一向淡泊名利的王翦提出了各种包括良田、金钱等在内的大量物质要求，并时刻提醒嬴政遵守诺言。

老将王翦上任后认真总结了李信轻敌冒进的教训，采取屯兵练武、坚守不战、麻痹敌人的战术，以达到以逸待劳的战略目的。面对楚军的挑逗、叫嚣，他也视而不见、听而不闻，把重要的精力都放在了适应南方气候、环境的训练上。

　　秦王嬴政通晓战争的规律和技巧，所以每次大战他基本都不去干预主帅的战术方法。这次攻楚，王翦为了让士兵适应南方气候，很长时间都没有组织大战，而嬴政在关键时刻也没有掉链子，集结了全国上下所有人力、物力对前线战士的生活给予保证。

　　一年多以来，在王翦先适应、再图战的方针指引下，经过实地训练的秦军，已经对楚国的情况基本适应，各个士气高昂、体力充沛。而两军对垒，此消彼长，被调来抗击秦军的楚国部队，由于长期没有遇到他们想象中的大战，斗志渐渐松懈，加上粮草不足，准备东归。

　　可正准备打道回府的楚军刚一转身，就听到了屁股后的战鼓声。士气大振的秦军一举打垮了楚军的主力，并长驱直入，挺进内地，杀掉了楚国的将领项燕。公元前223年，楚国寿春被占，楚王负刍被擒，楚国灭亡。

　　王翦又继续率军进军江南，接着以绝对优势降服了越君，设置了会稽都，长江流域也并入了秦国的版图。

　　公元前225年，秦楚两国主力虽然还在相持阶段，但秦王嬴政认为秦楚之战已没有任何悬念，楚国战败已经不可避免，就任命王贲为大将军率军围攻魏都大梁，企图在战败楚国的同时灭亡魏国。

　　魏国首都大梁这个地方，曾被很多国家看好。虽然因为临近黄河，这里被洪水淹了又淹，但它地处中原，交通便利，而且四周地势平坦，特别适宜农作物生长，可以为国家提供大量的战备粮仓，因此在历史上它是兵家必争之地。

魏国的君主好战，基本每次联军都能看到魏国军队的身影。常常打仗自然知道战争的残酷，所以魏国投入了大量人力、物力修建城防。为了保证工程质量，魏王往往亲自监督，因此虽是土筑城墙，却异常坚固。

面对大梁坚固的城墙，秦军强攻不下，熟读兵法的年轻将领王贲忽生一妙计——水攻。城墙固然坚固，但是毕竟还是土堆砌出来的，而大梁素有"北方水城"的美誉，施行水攻非常方便。果然，仅仅三个月，从黄河引来的水便毁掉了城墙壁垒，魏国只得投降。

公元前222年，秦王嬴政在节节胜利的好消息中又一次想到了燕王喜和他的国家燕国。本着斩草要除根的原则，嬴政任命王贲为帅，又一次派兵扫荡燕国。王贲带领所向披靡的秦国军队，一举荡平燕国主力，并到处搜寻燕国在辽东的残余势力。最终无处可逃的燕王喜被俘获，燕国彻底灭亡。

灭了魏、燕之后，所向披靡的王贲并没有停下他的脚步，接着他又带兵打到了代郡。当年秦军攻陷邯郸，赵王迁投降，但不甘心亡国的赵国公子嘉却带着一伙人逃到那里，跑到一个小县城内自立为王，结果秦军未大动干戈就将代王嘉俘虏。这也标志着，秦国完全统一了北方。

公元前221年的一天，时刻被胜利的消息包围着的秦王嬴政，拿着地图，深深地思考着。地图上满眼望去，除去一个地方，其他都已纳入秦国版图。无论有什么样的艰难险阻，也阻挡不了他一统六国的决心，于是他再任王贲为将，下令攻打其余六大诸侯国的最后一个：齐国。

从春秋到战国中期，齐国一直是山东诸国中比较强大的一个，也是列国中最让秦国忌惮的国家。有记载称："齐国国土面积达方圆两千里，国内有精兵强将数十万，粮食堆积如山丘。"这足可见其经济之发达、军事之强盛。为了统一大业，嬴政决心举全国之力攻打齐国。

公元前284年，五国伐齐，齐国国都临淄城中的宝物重器都被抢的抢、砸的砸，齐国从此走向衰亡。

公元前265年，齐襄王去世，齐君王后扶助儿子齐王建执政。

君王后有着卓越的政治才能，行事相当干练，作风泼辣。由于当时齐王建年幼，还不能有什么大的作为，因此国中、家中大小事都由君王后做主。这也没有难倒这位巾帼英雄，她一方面小心地与秦国周旋；另一方面又不畏惧强秦的威胁，力主抗秦。

公元前249年，君王后去世，后胜任宰相。秦国打探到后胜的弱点，便向他馈赠了大量的黄金、玉器。于是后胜就依秦国说客所言派出大批的宾客入秦学习。谁知这些人从秦国学习归来后，个个积极制造亲秦言论，齐国内政、人心一片混乱。

在秦国的多重战略攻势之下，齐国上下军民人心浮动，完全丧失了抵抗秦国的意识。瞅准机会的嬴政派王贲南下伐齐，长驱直入，所到之处几乎没遇到什么抵抗。看到秦军攻破临淄，齐王建与后胜马上向秦投降，齐国灭亡。至此，秦终于统一了六国，建立了中国历史上第一个高度中央集权的封建国家。

第五章

秦国建设篇
——实现帝国梦想

公元前222年始，秦始皇开始整治交通。

公元前221年，秦国施行郡县制。

公元前219年，秦始皇泰山封禅，正式提出"行同伦"。

公元前213年，秦始皇下令焚烧书籍。

公元前212年，秦始皇处死四百六十余名术士。

公元前212年，秦始皇开始修建阿房宫。

公元前210年，秦始皇病逝于东巡途中。

◇◆◇◆◇

　　《荀子·王霸》中说："天下归之之谓王。"公元前221年，秦国平定六国，完成了天下一统，但包括嬴政在内的很多人都清楚，统一和天下归心还有着相当的距离。

　　六国统一后，如何称呼自己首先成了当时秦王嬴政的一个难题。皇帝、天子这些词汇当时是没有的，以前充其量也只是"君"或者"王"。嬴政觉得这些称呼听起来根本不能显示出自己的丰功伟绩，便召集了许多人共同商议。这些人中不乏各种谋士，他们说，古有天皇、地皇、泰皇，而泰皇最贵，便建议嬴政采用泰皇的头衔。可嬴政觉得自己功高三皇、五帝，于是从中各取一字，创"皇帝"尊号。"皇帝"一词从此写入了秦王朝的字典。

　　"皇帝"称谓的出现，充分表明了嬴政的两种心理：第一，他想表示其至高无上的地位和权威是上天给予的；第二，他对于仅仅做人间的统治者还不满足，还要当神。

　　从此，嬴政成为中国历史上第一个皇帝，遂称"始皇帝"。

　　始皇帝还制定了一系列与皇帝相称的制度，如皇帝自称"朕"，并且规定了"朕"的使用范围。于是，"朕"这个字从此成了皇帝专用的自称，其他人如使用便是犯法。又如，"制"和"诏"专门代表皇帝的命令，"玺"也成为只限皇帝使用的、以玉质雕刻的大印。再如，在文字书写方面，不准提及皇帝的名字，要避讳。另外，他不但严格指定了自己的称呼和自称，而且还开创了历史上公文格式的先河。比如，在文件上出现"皇帝"等字句时，都要另起一行顶格书写。在一系列的规范限制下，秦始皇感受到了无比的尊崇和荣耀。

　　为了子孙后代能稳坐江山，始皇帝嬴政费尽心机地管理国家，加强自己的统治地位。他认为自己独具匠心地构建伟大格局，帝王之位从此便会稳稳地落在他及他的子孙手中。为此，始皇帝在国家管理方面借鉴了前朝以及各个诸侯国的先进方式方法，形成了一整套体系，并加以创新，为大秦帝国所用。

　　幼年继位的始皇帝非常清楚，没有合理的政治权力分配体系，再强大的国家也会很快土崩瓦解。在战国时期，有一种巩固君王地位的制度被始皇帝所采纳，那便是设置官职。在此基础上，始皇帝又进行了创新，加强了代表性：代表最少数嬴氏家族的利益。最终，一套相当完整的中央集权制度和行政机构得以建立。

　　虽然始皇帝的政权体系和权力分配绝大多数都是在考虑自身家族的利益，但建立中央集权制度的大秦王朝各级官员分工明确。从长远来看,这种分工明确的管理制度本身是有效益的。

权力分配体系建成后,始皇帝又开始构建政权金字塔式分配图。从官职来看,国家丞相是中央政权机构的最高行政长官,协助皇帝处理全国政务;而太尉是军队的最高长官,拥有军权,可以管理调动军队,并协助皇帝处理全国军务;其他的有御史大夫等,分别掌管不同的事务。古代说到一个人的功名的时候,有个词语听起来感觉特别霸气:位列三公。而在中央集权制度下的三公官职确实不小,丞相、太尉、御史大夫并称三公。现在看来,这三公都是拥有实权的重要岗位,工作范围涉及各个方面,当时能做到三公中的任意一个职位的人,能力都是非常强的。但如果让他们处理所有的公务也不可能,因此三公之下设九卿。九卿采取分工责任制,明确责任后,各个岗位上的官员及下属就能高效地执行上级发布的每一道命令,责任心也就增强了许多。所谓九卿,即负责宗庙礼仪的奉常、执掌宫廷戍卫大权的郎中令,还有掌宫门警卫的卫尉、专门负责皇帝使用的车马的太仆、管理皇族事务的宗正、掌管租税钱谷和财政收支的治粟内史、掌管专供皇室需用的山海池之税的少府、主管外交和民族事务的典客,以及掌管刑罚的廷尉。

中央集权制就在这种森严的等级制度下得到了巩固。除了三公九卿以外,秦朝还有另外一些比较重要的官职。比如:博士一职在秦朝的作用就是"掌通古今",即通晓古今史事，自然而然就成为皇帝的专业咨询顾问，自然也成了朝臣中炙手可热的人物。

嬴政统一六国后，随着国土疆域的扩大，子民当中少数民族也越来越多。对于少数民族的管理，嬴政及他的智囊团也没有忽视。除了在九卿中专门设置了典客专管少数民族事务外，还设置了典属这样一个职位。为了让典属和典客能够各司其职，嬴政还对他们做出了明确的规定，典客负责外交，典属负责内政，分工明确。

秦王朝的这套精心策划的中央集权的政权机构建立起来后，发挥了极其重要的作用，因此后来一直被历代王朝所效仿。特别是汉代，由于皇帝出身的局限性和朝代的连接紧密性等特点，几乎是完全照搬了秦朝制定的三公九卿制度，使嬴政创立的这套行政体系发扬光大。

嬴政为了集各种权力于一身，同时还要保证政府部门的高效运作，他对如何集权、如何分权，颇费了一番苦心。嬴政早在幼年时就从吕不韦的身上看到了相国的权位之大，为了削弱相国的权力，他提出了设左、右二相，如此一来二相都不能独断专权，只会相互牵制。

设置左右二相之后，虽然在一定程度上分散了相权，但尚不能解决军权与相权之间的矛盾。为了进一步削弱相权，他对三公各自的职责进行了明确的划分：武事由太尉掌管，设置御史大夫，专管监察，同时参与处理朝政，对丞相进行牵制。这样一来，丞相就彻彻底底地成了文官之长，而其他的特权则一律取消。

在削弱相权的政策中，有一个大家很容易忽视的盲点，那就是博士对相权的削弱。博士一职专门授予那些通晓古今、博览群书的人，由于这些人经常活动在嬴政的左右，在其身边有一定的影响力，所以他们这种软实力对其他的官职也具有一定的威胁性。

尤其是因为嬴政是个相当迷信的人，甚至曾一度想炼长生不老丹，所以他对号称"通古今"的博士也就相当信赖。秦朝刚刚完成统一时，他曾下令朝臣议帝号，规定只有丞相、御史大夫、廷尉与博士商量后才能向他汇报。这样一来，博士虽没有实权，却能够影响到国家的部分决策。甚至在"焚书"事件时，嬴政专门下了一道赦令：博士是唯一有权读禁书的人。因此，表面上只是文官的博士依靠这种软实力，在事实上构成了对相权的一种削弱。

在嬴政创造出的中央集权制模式之下，有一个官职很有意思，那就是太尉。秦律规定太尉是武官的首领，然而虽然设有此官职，但在战争中成长起来的嬴政非常了解军队对君主的重要性，肯定不会让别人取代自己掌握军权。据后世史学家考证，整个秦朝未发现有任何一人担任太尉之职，这一角色长期由皇帝兼任。

在军权上进行严格控制的嬴政最终也发现，一个人的精力确实是有限的，没有了太尉，自己常常要扮演太尉的角色出席各种军方的会议、宴会，可作为帝国的统治者，他实在没精力再管理更多的事务。在这样的情况下，廷尉的地位就得到了提高，掌管司法的廷尉被赋予了相当大的职权，以此威慑百官。

秦王朝的三公九卿制，确立了古代中国的一种分权原则，比如，有人将设丞相、太尉、御史大夫喻为中国的"三权分立"。的确，从形式上看确实是这样，但是要注意，这种分散的权力最后又都集中到了皇帝一人的权力之下。分权，是为了让百官公卿通过互相牵制，更好地服务于皇权，所以也就是为了更好地集权。

秦始皇统一六国后，除了对国家各种制度进行改革，考虑最多的另外一个问题是如何能找出一种办法，使国家长治久安，将帝位传给子孙万代。综合前朝经验，分封制度可以效仿，但是始皇帝更倾向于郡县制，大臣们也因此分为两派，争论不休。

大臣王绾向秦始皇建议，对诸公子分封领地，建立属国，以维护中央，是为分封一派。而另外一派的代表便是李斯，他坚决反对分封制。善于总结经验的他认为，分封制根本不符合秦国国情，因此赞成郡县制。

夏、商、周三朝确立的分封制，往往在第一代的时候执行得还不错，分封到各地的王侯因为都在建国时经历过无数风风雨雨，对天子非常尊重，各自间由于都是战友、亲戚关系，甚至有些还是生死之交，所以能够和睦相处，发生战争的概率很小。

可等到诸侯王位传到第二代、第三代以后，各地的王侯与天子的关系就已经很疏远了，感情更是没有，有些诸侯王也逐渐拿天子不当回事了，甚至有的几年都不朝拜、不进贡。这还算是好的，有些势力强大的，甚至整日叫嚣着要取代天子，这就会让天子非常苦恼，但往往还没有办法去控制局面。

分封的诸侯王除了挑战天子的权威之外，各自之间的关系也会逐渐因为各种原因搞得很僵，于是乎各诸侯国之间就开始产生战争。秦国之所以能统一六国，其实也是这么一路走来的。战争频发必然会导致国力衰弱，长此以往国家灭亡也就在所难免，始皇帝也是基于这些原因不想再实行分封制度。

面对分封一派大臣们的主张，李斯力排众议，坚持彻底废除分封制。此举正合始皇帝的意，于是他当即表扬李斯忠心为国，并拍板无须再议，就按李斯的意见实行郡县制，然后命李斯实施。李斯因此被封为丞相。

虽然郡县制被确立了下来，并在李斯的主持下有序实施，但是有关利益分配问题的争论并没有结束。大多数的文武百官还在为没能分到一块地盘耿耿于怀，还有一些一根筋的文人儒士也凑热闹坚决反对郡县制。因此，郡县制推行起来非常缓慢，有些人甚至打起了非暴力不合作的主意，进行软对抗。

虽然嬴政实行郡县制时的想法并没有过多考虑到历史大局，可是从客观角度来说，郡县制确实比分封制先进，更便于管理，有利于国家的稳定。

嬴政虽然坚决支持李斯的郡县制提议，但出于为朝廷和谐的考虑，在李斯搞试点的同时在朝廷进行了一场大辩论。当时的朝野以李斯为代表的人支持郡县制，而以淳于越博士为代表的人支持分封制。许多朝廷中有威望的人都暗中赞成分封制，这让李斯和嬴政都感受到了巨大的压力。但最终郡县制还是在嬴政的坚决和李斯的忠诚拥护下施行了。

虽然郡县制中郡基本上是县级以上的地方行政区划，但它起到的实际作用其实很小，郡的存在很多时候只是对县级管理组织的一个补充，相比县而言权力就小得多了。到了隋唐，郡逐渐退出历史舞台，但其深远的影响是不可被磨灭的。比如，现在中国的省制，就是由郡县制逐渐演变、发展而来的。

嬴政通过君主集权制对大权进行了大包大揽之后，又不让郡这样级别稍高的单位掌握实权，而是强化地方与基层政权组织。每一个地方组织的行政官员都要按照中央的模式设置分工明确的官职，各司其职，互不干涉。郡一级的设守、尉、监等。郡的最高长官是郡守，主要掌管政务。

在各个郡中，郡尉负责军事和治安，不干预民事。监御史负责监察官吏，直属中央的御史大夫。相比之下，县一级的设置则略有变化，县设令（或长）、丞、尉。

确定实施郡县制的方针后，始皇帝把全国分为三十六个郡，后来随着疆域的扩展，又调整为四十六个郡。政权分级明确，中央对这些地方郡县统一管理，由皇帝直接派驻官员，监督行政和财务，对地方军政和财政进行控制，从而达到全国政令出于秦始皇一人之口的集权效果。

郡县制里除了郡和县，还有乡和亭，乡是隶属于县的基层行政组织，其职能主要有四：摊派徭役；征收田赋；查证本乡被告案情；参与对国家仓库粮食的保管工作。乡长级官职设有"三老""啬夫""游徼（音教）"。"三老"掌教化，"啬夫"掌诉讼、收赋税，"游徼"掌捕盗贼。多数乡官由当地地主豪绅担任。这些官职不是由皇帝直接任命，委任状上也无须盖上玉玺，主动权都掌握在地方政府手中。

亭属于治安系统的基层组织，其大体情况相当于如今的基层警务室和派出所，系县尉的派出机构。亭有亭长，下面还设有"亭父""求盗"各一人。亭除了主要管理治安，还负责接待往来的官吏，掌管为政府输送、采购、传递（文书）等事。

亭之下还设有里。里设里正或里典（为避秦始皇名"政"之讳，而改"正"为"典"）。里中设置严密的什伍户籍组织，以便支派差役，收纳赋税，并规定互相监督告奸，一人犯罪，邻里连坐。

秦朝通过君主集权制和郡县制，建立起了一套严密而完整的地方与基层的政权系统，强化了国家对老百姓的管理。自秦以后各朝代对其制度都有不同程度的沿袭。很多领导者在使用过程中发现这一套管理系统用起来很方便、很顺手，因此这套体系一直在中国延续了两千多年。

但靠武力征服的统一仅靠这些制度还是不牢靠的，要想让列国真正融合在一起，必须有强大的综合国力为后盾。怎么运用综合实力实现融合？初次实现统一的秦国，首先考虑的就是连接中原与东、西、南、北四方交通的贸易网。有贸易才能有利益，才能有人民生存的平台。

在秦国一统六国之前，交通贸易就有了一体化的趋势。荀子在自己的书里曾经描述过这样的情况，说是四海之内为一家，中原人能吃到南方的特产，南方人也能买到北方生长的犬马牲畜，各个民族如同一家，其乐融融。

战国时期之所以能形成这么好的贸易网络，与各个大国的贡献是分不开的。虽然各诸侯国连年征战讨伐，但是老百姓还是比较自由的，并没有被限制行动范围。出行的便利给各国人民往来交流提供了一个很好的平台。

那个时候的小摊小贩有什么东西就可以拿到街道上去卖，起得早就能占到好的摊位，不用交房租。那个时候的道路虽然不够宽阔，但一点也不堵。自己老家消化不了的商品他们便可以拿到大城市去卖，于是在一些交通要地就慢慢地形成了商业集散点构成的贸易网。

在齐国的东部，就有以今天的平度、海阳、即墨、诸城、日照等为中心的一些商业集散点构成的贸易网。尤其在临海一带，由于人口稠密、交通便利，已经形成了当时的一个重要的海上商业中心，这些足可以见证海上运输对当时贸易的影响。

在齐国的西部，也同样有和东部一样的商业集散点，比如，今天的济南、历城、章丘等地；而北部也有以牟平为中心的海上贸易集散地，主要与燕国进行商业往来。当时齐国没有将主要精力放在军事发展上面，而是集中精力大搞经济建设，他们认为战争和经济的发展建设是互不影响的。

提到商业集散地、经济发达区，任何时候都不能忽视的都是都城。作为政治、经济、文化中心的都城临淄，是当时齐国最大的商业集散地。据不完全统计，临淄有七万户居民，且多为大家庭，若以每户五口人计，就有三十五万人之多，人流量不比现在的一个地级市少。当时拥有三十五万人口的临淄，街上车水马龙，人群摩肩接踵、熙熙攘攘，从四面八方涌来的土特产、手工产品齐集市上，景象很是繁华。

在南方，楚国的许多城市也是繁华的商业交通枢纽。那时，最大的城市莫过于郢都了，此外还有鄢（今湖北宜城）、宛（今河南南阳）、城阳（今河南信阳）、陈（今河南淮阳）、上蔡（今河南上蔡）、下蔡（今安徽寿县）、吴（今江苏苏州）等。故都鄢更是当时以冶铁业著称的重工业城市，对全国的兵器制造业做出了不小的贡献。

古有繁华的商业，今有学识渊博的考古学家。在楚地，考古发现的天平、砝码、钱币和舟节、车节，处处都透露出楚国贸易和交通的繁荣景象。更令人称奇的是湖南战国楚墓出土的琉璃珠，多有蓝白色圆圈纹，不但没有楚国风格，反而酷似西亚和南亚的琉璃珠，从而可以判断当时楚国与西亚、南亚之间有着频繁的贸易往来。

燕国在战国时的地理位置与朝鲜半岛及日本列岛接近，而辽西郡又是中原各国人民去朝鲜半岛和日本列岛的必经之地，于是了解朝鲜半岛及日本列岛文化的辽西人民也会主动去那里谋生，时间长了，便拖家带口在那定居，对两地的文化影响深远，至今都可见痕迹。

韩国靠山吃山，在发展经济方面也不甘落后。它地处中原腹地，是南北商旅和贸易往来的中转站和集散地，屯留、长子、宜阳等城市四通八达，与赵国接壤又与楚国相邻。

战国时期，东、南、西、北、中四面八方的联系和交往已经相当频繁，各地物资得到交流，商人们在交通线上往来不绝。从前那种各地区间比较闭塞的局面已被打破，长时间的贸易交流使各族人民的文化交流愈发密切，一时之间竟形成了人心、民生大一统的趋势，从而为秦统一六国后的统一管理奠定了感情基础。

从古至今，人与人的交流方式从原始的肢体语言逐渐发展为文字，其中的发展过程也比较曲折。从殷商的金文到春秋战国时期的兵器刻款、陶文、帛书、简书等民间文字，这些文字都存在着区域间的差异，这种情况也大大妨碍了各地经济、文化的交流。

刚刚一统六国的秦王朝认识到没有文字的统一就没有良好的交流，没有良好的交流，经济就势必遭到影响。于是，始皇帝接受了李斯"书同文字"的建议。李斯以战国时候秦国通用的籀文为基础，加上齐鲁等地通行的蝌蚪文笔画简省的创意，创制出一种形体匀圆齐整、笔画简略的新字体，是为秦篆，也称小篆。

在李斯的带领下，小篆这种官方通用字体开始流行起来。为了推广新式文字，李斯等人还用新颁布的文字编写了《仓颉篇》《爱历篇》《博学篇》等作为学习的教材，向全国强制推行。很快，其他国家的文字逐渐被彻底取代。

不久，一位叫程邈的衙吏因犯罪被关进云阳的监狱，在坐牢的十年时间里，他不忘学习，对当时字体演变中已出现的一种变化（后世称为"隶变"）进行总结。他的这种行为被始皇帝知道了，他因此得到赏识，并且获释。

程邈得到了始皇帝的大力支持，始皇帝要求他按照自己的创新思路创造出一种新字样。既然是新的，那么就一定要有充足的优势。新字体的特点是，将篆体圆转的笔画变成方形，字形扁平，这种文字书写起来更为流畅、快捷，很受欢迎，这就是隶书的前身。

始皇帝下令统一和简化文字，是对我国古代文字发展、演变做的一次总结，对我国文化的发展起了重要作用。

在经济上，始皇帝统一六国之后也做了改革，其中最重要的就是统一货币。货币不统一是非常不利于贸易活动的，给货物的远距离流通带来了限制。另外，不统一的货币结算也给当时普通老百姓的日常生产生活造成了诸多不便。

于是，从普通老百姓的角度出发，始皇帝对货币制度进行了大的改革。他规定，货币分金和铜两种，黄金称上币，以镒（音亿，秦制20两为镒）为单位；铜钱为下币，统一为圆形方孔，以半两为单位。金币主要用于皇帝赏赐用，而铜币则作为主要的流通媒介。

作为全国通用的货币，铜币的样式经过了专业设计师的精心设计，设计理念相当新颖。比如，它的形制为圆形方孔，对应了古代"天圆地方"一说，并且使用很方便，可穿，可挂，可缠腰间，所以后来描述一个人有钱可以说他"腰缠万贯"。

除了对货币的改革外，秦国早在商鞅变法时就已经在国内对度、量、衡的标准做过统一的规定。秦始皇以原秦国的度、量、衡单位为标准，淘汰与此不合的制度。在田制上，秦王朝规定六尺为一步，二百四十步为一亩。这一亩制以后沿用千年而大致不变，足见其影响力之深远。

秦统一六国后，还对许多文化进行了"大一统"，并形成了很多有着深远影响的概念，比如，"车同轨""行同伦"等。"车同轨"就是说，统一车辆形制，定车宽以六尺为制，而统一后的车可通行全国；"行同伦"则是端正风俗，建立起统一的伦理道德和行为规范。

"行同伦"在秦统一六国后显得尤为重要。公元前219年，执政二十八年的嬴政去泰山游玩，这里原是齐国故地，号称"礼仪之邦"，突然兴起的始皇帝令人在泰山所刻的石上记下了男女之间界限分明，以礼相待，女治内、男治外，各尽其职的规范，为后代制订了规范。

在秦统一六国之前，中国大地诸侯国林立，各国中民族数量非常多，仅仅在今浙江、福建、江西、广东、广西一带就分布着许多部族。很少有人能够说出全部民族的名称，只能总称为"百越"。其中著名的分支有于越、闽越、南越、东瓯、西瓯、骆越等。各民族间由于风俗、文化各异，经常发生各种各样的矛盾冲突。秦国统一六国后，通过加强行政管理对文化也进行了统一，机构逐渐健全，各民族间也互相迁就，少有冲突，相当和睦。

"不到长城非好汉。"长城自古以来都是文人志士游览的必选地之一，而秦始皇领导下的大秦帝国对长城的连接修建在中国历史中有着巨大的意义和象征作用。在战国时代，与匈奴接壤的赵国为了抵御外族入侵而修建长城，其他各国也纷纷效仿，但遇到"三不管"地区、主权争议地区，长城就因此断开。

匈奴这个民族在历史上是非常强悍的。他们是分布在蒙古高原的一个古老的民族，主要从事游牧，强悍并精于骑射。由于骑兵作战能力有限，中原各国与之多有冲突。不甘寂寞的匈奴族经常对边境地区进行骚扰，所以修长城对抵抗匈奴是非常有必要的。

熟读兵书、对匈奴多有了解的始皇帝对于匈奴也不是毫无主动出击之意的。始皇帝曾多次用兵进攻匈奴，并新设四十四个县，统属于九原郡。公元前211年，始皇帝又迁犯人三万户到今北河、榆中一带垦殖，同时加强两族人民经济、文化的融合与交流。虽然效果不错，但由于匈奴所在地理位置特殊，秦朝一直小心戒备。

为了彻底解除匈奴对中原地区的威胁，重点巩固北方的边防，始皇帝考虑再三，决定举全国之力，翻新修建长城。秦王朝将原来秦、赵、燕北边的长城连接起来，并进行修缮补建，最终完成了一条西起临洮，沿黄河、阴山，东到辽东的万里长城。万里长城的修建显示出了当时秦朝综合国力的强大。

万里长城的修建对统一后的多民族国家具有重要的意义，它像一道屏障把各民族围在了一个院子里，院子里的人们和睦相处，对中华民族的发展起到了重要的作用。

六国统一后，随着贸易的不断扩大，为了改善民生、发展经济，秦国规划建设了各地交通线，重修驰道、直道，建立起了四通八达的全国性的交通网。这也是大一统和谐社会的一大体现。

在秦统一六国之前，各国的国道沿着各自的地盘随意蔓延，并且，由于战争频繁，各地还修筑了不少关塞堡垒，大大限制了交通业的发展。公元前222年，还是秦王的嬴政就有意识地以咸阳为中心，向四面八方修驰道。公元前220年，始皇帝下令"治驰道"，对之前各国修建的国道进行统一整合、编号。公元前215年，始皇帝又下令拆毁了各地阻碍交通的收费关卡，一时之间，国道畅通无阻。

当时的秦国虽然国土西起临洮，东到大海，地域广阔，但国内的主要国道只有两条：一条通往过去的齐、燕地区，另一条向南抵达过去的吴、楚地区。这两条国道还连接了一些重要的江、湖，并直达东海。在当时的条件限制下，能做出这么周密的道路规划很是令人叹服。

秦国的国道还有一个重要的特点，那就是"规模绿化"搞得特别好。《汉书·贾邹枚路传》记载，国道宽五十步，路面经过素土、灰土等层层夯实，虽然没有做抗震设计，短时间内也不会开裂。绿化方面，国道边每隔三丈种一棵树，行人在大热天儿走累了还可以在路旁树荫下休息一番，设计相当人性化。

始皇帝为了完成这项贯通南北、沟通东西的工程，从物力、财力到政策都给予了最大、最优厚的支持。公元前220年，国道初成规模之后，始皇帝还专门亲自率领大臣进行质量考察，检查了政策的落实情况。完成巡视后，始皇帝相当满意，对有功人员进行了大肆封赏。

始皇帝在政权巩固之后便开始兴土木、修宫殿。在统一六国那年，始皇帝就曾下令修驰道和甬道，连接极庙与咸阳。所谓甬道，就是在道路两侧筑起高墙，专供皇帝从中行走，不让路人瞧见。公元前212年，始皇帝三十五年，始皇帝再次不顾众人反对决定修甬道。

而在统一六国的过程中，始皇帝养成了建造宫殿的习惯。每当消灭一国，他就派专人到该国摹绘那里的宫殿建筑，然后依照其式样，在咸阳附近的北阪，筑起同样的宫殿。这种心理就好像是占有了一样东西然后把它存在记忆里，没事儿的时候去回忆回忆自己当年的辉煌一样。

公元前212年，始皇帝以咸阳人多、先王之宫廷小为由，开始大修阿房宫。据记载，先作前殿阿房，东西五百步，南北五十丈，上可以坐万人。殿前可竖五丈高的大旗。宫前立十二个巨大的铜人，各重二十四万斤，系秦初收缴民间兵器销毁改铸而成。还用磁石做大门，以防有人携带暗器入宫。

在所有新建宫殿建筑群的规划上，始皇帝也请了专业队伍进行规划设计：在前殿阿房宫周围，建有大小楼台亭阁相互环绕；修建一条阁道，从阿房宫直达南山，在南山之巅再造宫阙；还要筑一条"复道"将阿房宫与咸阳连起来，其中有一段要跨越渭河。

阿房宫的修建是一个神话。唐代著名诗人杜牧在《阿房宫赋》里有这么几句把阿房宫的宏伟、奢华表现得一览无余："蜀山兀，阿房出。覆压三百余里，隔离天日。""一日之内，一宫之间，而气候不齐。"不得不说，这等宏伟，在中国宫殿建造历史上，甚至是在中国古代建造艺术与技术上都是一朵奇葩。

始皇帝在规划自己的建筑群的同时，为了能享受到这些人间罕见的超级建筑，还坚持派人四处寻找长生不老之方。结果他这些不切实际的想法终究落了空，最终带憾而终。包括阿房宫在内的兴乐宫、梁山宫等，虽然都修建得富丽堂皇，却始终没有等到自己主人的到来。

始皇帝时期还修建了另外一项巨大的工程——骊山始皇陵。据考古工作者估计，秦始皇陵仅人工挖土方量就不少于一千三百万立方米，按照当代定额计算，需十万人干一年才可能完成这些庞大的工程。如今，秦始皇陵已作为人类文明史上的奇迹为人传颂，可是谁又能想象，在这些华丽和光鲜的背后有多少百姓的汗水与鲜血呀！

根据一些研究者的估算，秦王朝征发劳役与兵差所使用的民力，总数应该在三百万人上下。这对一个两三千万人口的国家来说，可想而知是一个怎样不堪负荷的重担。始皇帝对老百姓的索取毫无限制，直接导致了社会老龄化严重、社会生产力极度下降的后果，并且男女比例严重失调，对以后社会的发展十分不利。

嬴政的享乐欲望和好大喜功的心理给整个秦国带来了相当大的浩劫。在这些大型工程中，嬴政无偿征讨百姓干活，还大肆搜刮民脂民膏，滥征民力，而且在施工的过程中不仅没有任何安全保障措施，还对劳力进行打骂。残暴的统治，使秦王朝逐渐失去了民心。

从古至今，兴旺由俭败由奢，许多亡国之君都灭亡在挥霍无度、大兴土木上。虽然嬴政不是亡国之君，但头脑极度膨胀的他也做出了无限索取民力、无限制挥霍的举动，具体就体现在大肆修筑宫殿、穷全国之力修建陵墓等大型建筑上。由于劳民伤财，这些举动极大动摇了秦国的根基，为秦朝迅速灭亡埋下了伏笔，也为后代帝王提供了一个反面典型。

关于始皇帝无限制、强制征徭役这件事，有很多著作反映了当时社会的状况。清代杨廷烈曾写文章说：有人发现一种全身长毛的"毛人"，他们是当年为逃避秦始皇筑长城劳役而躲入深山老林的民夫的后代。由于在森林里生活、繁衍了千百年，所以他们全身都长出了毛。这些与世隔绝千年的"毛人"显然已经成了人间悲剧。

对于杨廷烈的文章人们无法判断其素材来源的真实性，历史上到底有没有"毛人"也无从考证，但是根据秦国当时的状况，真是出现几个这种人也不足以为奇。从"毛人"的传说上能看到秦始皇暴政的缩影。

残酷的徭役，让普通老百姓们连孩子都不敢生，更别说送孩子去读书了。社会的不安定因素像一股暗流一样正在逐渐形成。这股暗流就像一只巨大的黑手，它终究会在合适的时间、合适的时机，由合适的人蓬勃发展起来，直至推倒秦朝的残暴统治。

除了徭役，朝廷还向百姓索取沉重的赋税。秦代的赋税，主要有田租、口赋和杂赋三种。田租，即土地税，它按土地的多少征收。口赋，即人头税，它按人口征收。秦代的田租按十分之一的原则分成计征。口赋则要比田租重得多，人民要将一年收入的一大半，作为人头税上交国家。无休止的劳役和沉重的税赋，让广大穷苦农民生活在水深火热之中。

再说回始皇帝，前面提到他相信可以寻求到长生不老药，只要能找到这种长生不老秘方，就能让他认为的这种和谐大同统治万年不变，于是他费尽心机，四处搜寻，但始终没有结果。

了解到始皇帝寻仙药的迫切心情，一些号称"方士"的江湖术士就开始闻风而动，他们使出各种方法忽悠始皇帝。公元前219年，秦始皇一行浩浩荡荡东巡到琅琊。齐人徐市（又称徐福）等上书说，东海之中有蓬莱、方丈、瀛洲三座神山，上面居住着仙人，并有长生不死的奇药，请求秦始皇委派他率领童男童女入海寻仙求药。始皇帝听说后非常高兴，立即下令建造大船，征集童男女数千人随他求取仙药。

徐市带着数千儿童，驾船入海而去，后音信全无，求药经历就这么莫名其妙地结束了。但是始皇帝还是不死心，始终相信有长生不老药。加之各种方士的各种忽悠与欺骗，始皇帝决定亲自前往碣石山，访求传说中的羡门、高誓诸仙人，未果，只能无功而返。

此时正好有个叫作卢生的燕人，一无所成，想靠寻仙访道的名目，做些招摇撞骗的勾当来谋生。他听说始皇帝极为渴望成仙长生，于是，他就前去谒见始皇帝，凭着一张利嘴，说动了始皇帝。于是，始皇帝就派他航海东去，继续寻找古仙人羡门、高誓。卢生当即前往，去了好几日也不见音信。

公元前212年，一直没有找到长生不老药的卢生，为了交差，就只能编各种鬼话自圆其说。为了逃避始皇帝的处罚，卢生不知道从哪儿搞了一本鬼神图书回来，上书"亡秦者胡也"。为了将"灭亡"秦国的"胡"扼杀在摇篮之中，始皇帝便派大将蒙恬发兵三十万北击胡人。

卢生为了不被始皇帝怀疑，故弄玄虚地要求不让别人知道自己的居处和行踪，称这样就可以得到不死之药。卢生还建议始皇帝经过锻炼成为"真人"，并忽悠始皇帝"真人"相当神通广大，可入火、入水而安然无恙，可以与天地一般长久。于是，求神心切的始皇帝竟真的便不再称朕，不再上朝，并自称"真人"。

始皇帝在寻找仙药的过程中一直听信卢生和众方士的谎言，但仙药仍不见踪影。而一直在编谎言的各种投机方士也渐渐地难以自圆其说，欺君之罪越陷越深，便一起商量对策。他们在一起对始皇帝进行了一番大肆批评，如刚愎自用、自以为是、贪欲权势等，然后自知前程凶多吉少，便趁早逃之夭夭。

始皇帝耗费无数精力、花费大量金钱让卢生等人去寻找仙药，结果却听到他们这样的批评。一直心高气傲、行事又极其凶残的始皇帝大怒，便下令把咸阳诸生全部捉去审问。最终，共查出四百六十余人，始皇帝便下令把这些人全部活埋，这也就是著名的"坑儒"事件。

始皇帝的长子扶苏天性聪明，性格温和，向来与咸阳城内各方士交好，见父皇这样大施淫威，就加以劝谏。此时杀红了眼的嬴政，任谁都不能阻挡他暴戾的行为，又哪能顾得上扶苏？听到扶苏的直言劝谏，不但不听，反而立即下令将扶苏发配边疆，叫他去担任正在那里戍边的蒙恬军队的监军。

在"坑儒"的前一年，秦始皇还曾下令"焚书"。此事则源于一次朝宴。公元前213年一次朝宴上，博士淳于越公开抨击郡县制，主张重新分封。丞相李斯加以驳斥，并主张禁止百姓以古非今，以私学诽谤朝政。始皇帝采纳了李斯的建议，下令：凡秦记以外的史书和非博士所藏的"诗、书、百家语"都要烧掉，只准留下医药、占卜、种树之书；以后若有再谈论诗书的，处死，以古非今的，灭族，官吏若知而不检举的，与之同罪；命令下达三十日内不焚书的，受黥刑并罚四年筑城劳役。

"焚书"和"坑儒"这两件历史性悲剧事件，在中国人的心中留下了永远的伤痛。众多具有文化、艺术价值的文献从此失传。这个事件作为世界文化史的一次浩劫也被载入了文化史册，以此警醒后人。

秦朝统治者的残暴统治，非但没有达到"家天下"的构想，反而导致强大的帝国短时间内便土崩瓦解。天道循环必有因果，虽然此时的始皇帝唯我独尊，根本意识不到这一点，但他也不能摆脱这个自然规律。秦始皇对人民及群臣残暴的统治，最终还是激起了民愤。到了秦二世胡亥继位，更是在秦始皇的基础上变本加厉，疯狂地以严刑峻法谋一己私利。群臣人人自危，秦朝建立之初的一些管理制度已经名存实亡。

第 六 章

秦国结束篇
——梦想的终结

公元前210年，秦始皇出巡死于途中。

公元前210年，公子扶苏自杀。

公元前210年，秦始皇儿子胡亥继位，称秦二世。

公元前208年，李斯被赵高陷害。

公元前207年，赵高杀掉二世胡亥，拥立子婴继位。

公元前207年，子婴继位五天后，设计杀死赵高。

公元前207年，秦国灭亡。

◇ ◆ ◇ ◆ ◇

　　秦始皇三十七年（公元前210年），长期揽权操劳国事的秦始皇身体大不如前，时常被一种不祥的预感所侵扰。为此，他到处请人占卜，最终得了"游徙吉"一卦，意思是只有外出游历才会吉利。

　　占卜获得"游徙吉"卦的秦始皇决定外出巡游，是为第五次巡游。这次陪同秦始皇巡游的有丞相李斯，还有扛着玉玺的宦官中车府令赵高。赵高是始皇帝的爱臣。由于大公子扶苏在边疆和蒙恬大将军一起率兵防御匈奴，一直受赵高教导的胡亥在赵高的指示下请求同行。胡亥聪明伶俐，深得始皇喜爱，便立刻得到了应允。

　　秦始皇带着浩浩荡荡的一大群人马从咸阳出发，沿丹水、汉水至云梦，再顺长江东下，经丹阳，又顺水道和运河至钱塘。按原计划，他们准备在这里渡水上会稽，但因水势凶猛，摆渡不方便，只得西行一百二十里，改由狭中渡水。秦始皇上会稽山，祭大禹，并在那里刻石留念。

从会稽返回后，秦始皇还惦记着琅琊的长生不老药，于是专门改道再次去了蓬莱山。听说秦始皇再次来到琅琊，一直打着为秦始皇求神药幌子而行骗的方士徐市等，又跑来说了一通瞎话：蓬莱山上是有神药的，只是海中有大鱼阻挡了通路，不得前去，所以请派人先把这些大鱼除掉。

逐渐年迈的秦始皇对长生不老药更加渴求，在徐市等人荒诞的长生不老药学说的忽悠下，他再次失去了理智，立即派人乘船入海射鱼。求药心切的他还亲力亲为，但效果并不好，一路上才射杀了一条大鱼。而此时，徐市等人早已不知去向。

当秦始皇的出巡车队返回，途径平原津（今山东平原县南）的时候，由于一路上颠簸，又恰逢高温天气，甚至连喝上清凉的水的条件都没有，以至于本来身强体壮的秦始皇患上了重病。

在生命弥留之际，秦始皇神智还算清醒，便开始安排后事。由于不能执笔，他只能口授了一封给公子扶苏的信，让他速回咸阳办理丧事，并继承帝位。如果他的安排能成为现实，或许秦朝历史会改写，然而信还未发出，车子也没有开到咸阳，这位叱咤风云的一代帝王，便撒手人寰，终年四十九岁。

秦始皇死后，左丞相李斯怕贸然宣布丧事会引起大乱，便决定秘不发丧，将尸体放在辒辌（始皇的卧车）车中，每日照常令人送饭送水，以掩人耳目。这时只有胡亥、赵

第六章 —— 秦国结束篇 梦想的终结

155

高及五六个宦官知道底细。车驾日夜兼程向着咸阳赶路，然而聪明一世的李斯不知道，在这群知情者中，有股暗流正在暗暗涌动。

知道秦始皇去世的消息后，早已不满足于中车府令权力的赵高就开始盘算着如何篡权。他虽然是宦官，但曾当过胡亥的老师，因此深得胡亥的信任。而公子扶苏的老师是蒙恬，与赵高向来不和，所以要想位高权重，永葆富贵，赵高必须要让胡亥继位。为了自己的权势及前程，赵高开始了自己一系列的小动作。

受君主集权制的熏陶，在胡亥心中，秦始皇有着天神一般的地位。如果没有外因的诱使，他绝不敢抗逆秦始皇的旨意。然而，赵高凭借自身在胡亥心目中的影响力不停规劝，还拿以前的实例晓之以利害，胡亥最终还是被赵高给说服了，决定在赵高的帮助下篡夺皇位。

善于权谋之道的赵高知道始皇帝去世之后，陪着他一同出游的左丞相李斯话语权是相当大的，因此胡亥能否继位，他起着举足轻重的作用。于是，赵高就去找李斯，软硬兼施，希望他能参与自己的计划。

长时间在尔虞我诈的官场中，李斯知道此事关系重大，弄不好就有杀身之祸，于是他决定持观望态度，先不表明立场。

赵高看到李斯的犹豫，便对李斯说："扶苏最器重蒙恬，如果扶苏做了皇帝，势必用蒙恬为相。到那时，你想回乡做老百姓恐怕都不可能了。现在决定谁为太子全凭你我，我们何不联手力推胡亥继位而永葆富贵呢?"

李斯听到赵高为了让胡亥继位而开出的筹码，一向稳重的他在利益面前有些犹豫了。经过一番权衡，他同意了赵高的谋划。于是，赵高、李斯二人狼狈为奸，对天下撒了一个弥天大谎!

在赵高和李斯的共同努力下，胡亥下定决心将篡权进行到底。他们一起篡改了秦始皇写给扶苏的信。由于赵高拿着玉玺，起草完这封秦始皇的假遗诏之后，他便拿出早已准备好的玉玺重重地盖上了印章。至此，扶苏的命运彻底改变，秦国的历史也彻底改变了。

本来一封让扶苏继位的信，经过篡改之后，就成了扶苏的赐死信。信中说：扶苏在边疆十几年"无尺寸之功"，还对未被立为太子有怨气，上书诽谤父皇，是为"不孝"；而蒙恬知道扶苏的言行不加以纠正，是为"不忠"。在罗列了边疆二人一系列所谓的罪名之后，便下令让他们自杀。

当时，由于条件的限制，消息的传播很不方便，消息封锁起来也相对简单得多。秦始皇虽然已经去世了许久，但是同行的李斯、赵高等人一直安排随行御厨送饭到秦始皇的专车之中，因此即使是同行的人，也很少有人知道始皇帝已经西去，更别提远在边疆的扶苏大公子和蒙恬大将军了。

接到李斯、赵高等人合谋伪造的诏书后，扶苏信以为真，虽然觉得不可思议，但也不敢违抗。他全然不顾蒙恬老师的劝告，乖乖地自杀了。至此胡亥成了继承皇位的唯一人选。

扶苏自杀的消息传到赵高、李斯一行人那里时，回京车队已经快到咸阳了。得知扶苏自杀，赵高一伙明白大事已成，相当兴奋，立刻代表朝廷公开发丧，然后宣布胡亥继位，是为秦二世。那一年，胡亥二十一岁，缺少经验的他只能在赵高、李斯等人的帮助下处理朝政。很快大权旁落，胡亥成了傀儡皇帝。

胡亥对赵高这位"恩师"言听计从，不仅任命他为九卿之一的郎中令，掌握宫廷戍卫，并按照赵高的意思，开始对那些对他们心怀不满的大臣、公子进行秘密诛杀。

应了那句"有其父必有其子"，胡亥不仅继承了秦始皇的"优良传统"，甚至有过之而无不及，暴虐异常，残暴成性。一向没有主见的胡亥，再加上赵高在一旁，立场更加不坚定。除了排除异己、清除"龙种"外，胡亥对自己的姐妹都不放过，将她们残酷杀害。

胡亥有兄弟姐妹数十人，经过与赵高共同策划，胡亥罗列罪名，首先将六位公子杀戮于宫，随后又在咸阳的市上，公开处死别的公子。公子将闾等三人，自知二世不会放过他们，被迫含恨自杀。公子高见势不好，准备逃跑，又怕牵连家属，满门被斩，因而主动上书，请求为秦始皇殉葬。

胡亥见到亲兄弟公子高主动求死的奏书，准其请求，并"赐钱十万以葬"。做了这些之后，胡亥、赵高想在实权上进一步加强控制，于是他们的屠刀又对准了那些忠心保卫边疆的将军。

在秦始皇当政期间，说到带兵实力，谁都无法和蒙恬相比。秦始皇为了显示对蒙恬的信任，把扶苏都放心地交到了他手下锻炼。所谓强将底下无弱兵，自身修为比较高的蒙恬也因此成为胡亥、赵高集团的心腹大患。

在得到秦始皇死讯之前，蒙恬、扶苏接到传来的伪诏，一向单纯的扶苏拔剑自刎，而蒙恬不肯，便被使者逮捕并囚禁起来。自蒙骜起，蒙氏家族就世代为秦名将，蒙恬也为秦国扫平群雄出生入死，屡建奇功。统一六国后，蒙恬率兵三十万，北逐匈奴，收复河南，又负责构筑长城，声威赫赫，所以他自信无事。

蒙恬在扶苏自杀前，一直认为扶苏太天真，可当灾难降临到他的头上，他也不由得天真起来。胡亥、赵高欲置蒙恬于死地，他们派使者手持诏书，前去诛杀蒙恬。可蒙恬竟天真地表示要申诉，这怎么可能得到允许？于是他最后也只得服毒自尽。蒙氏家族为秦王朝立下了汗马功劳，蒙恬却落得含恨自尽，怎一个惨字了得。

蒙恬有个弟弟叫蒙毅，秦始皇非常赏识他。然而，一朝天子一朝臣，始皇帝越是喜欢的人物，下场越惨。蒙毅也不例外。一向刚正不阿的蒙毅在与赵高这类人的接触中，一直都不太给赵高他们面子，因此赵高准备对蒙毅进行制裁。

在秦国的历史上，像赵高这样的宦官，能够做到郎中令这种级别，运气一定不是主要原因。半辈子混迹官场的经验告诉他，处处要小心。他一边急切地想对蒙毅进行打击，另一边又不愿意亲自出马，想来想去，便想借秦二世胡亥之手除掉蒙毅。

赵高知道，胡亥登基后，最在意的就是名正言顺，于是他便利用胡亥的这一心理，对胡亥说，先帝在位时，曾打算立你为太子，但因蒙毅一再从中作梗，才使得先帝改变了主意。一向对赵高言听计从且凶残的胡二世对蒙毅恨之入骨，遂下令诛杀蒙毅。

除掉了蒙氏哥俩后，胡亥、赵高还捏造罪名，把中央郎官以上、地方郡县守尉也杀掉并撤换了一大批，换上了自己的亲信。胡亥还修改了法律，对人民进行更加残酷的镇压，一时间人人自危。

虽然胡亥的残暴行径为天下人所不齿，但为了自身安危，大臣们一直噤若寒蝉。这些大臣表面上唯唯诺诺，看胡亥、赵高的脸色行事，但实际上一直想找到机会，一举除掉赵高一党。

如果说仅仅一部分人、一部分非自己家族的亲信反对胡亥，那说明他的统治还有些许地方可取，可是反对胡亥的不仅仅是外姓，就连他自己的亲属也站出来反对他，其中最有代表性的就是子婴。他指出，诛杀功臣是短视行为，应该立即停止。可此时悬崖勒马这个词对胡亥已经没有任何意义了，他根本听不进去。

或许秦二世胡亥在位期间唯一还记得的就是始皇帝的

后事了。秦始皇死后三个月，按照其遗嘱，二世把他葬于骊山北侧。或许是由于工程量过大，那时他的陵墓还没有完全修好。据记载，单为修建皇陵，秦始皇就动用了七十多万劳力，没有挖掘机、铲车等大型机械的时代，耗费的人工那是相当大的！

秦始皇陵的工程量还不仅仅体现在修建上，装饰工程也相当壮观。墓中设施复杂，棺椁皆用铜汁浇铸而成，墓室规模宏大，犹如地下宫殿。其中，不仅仿照秦廷议事秩序安置了百官位次，还到处摆满了奇珍异玩、金银宝器，以及供君主享用的物品。

据说，秦始皇的墓室上方绘有日月星辰，地上塑有川河江海，墓中还有用人鱼（可能是指鲵鱼）膏制成的烛照明，长年不熄。这些设施对秦朝来说，那是动用了当时最先进的建筑艺术与技术，以至于今日，秦始皇陵仍没有被完整地开发出来。

秦始皇下葬后，工程还在继续，直到反秦大起义的队伍打进关中，才被迫中止。秦始皇陵的设计图纸至今都没有找到，墓葬内那些巧妙的机关设计，一直让人感觉神秘莫测，它的规模和奢华程度都是空前绝后的。对于秦始皇葬礼的细节，史书记载的也不多，但是从秦始皇陵的规模来看，葬礼的级别也必定是空前的。秦始皇下葬的时候，秦二世胡亥不知道听了哪个奸臣的意见，下令凡没有生育过子女的始皇后妃及大批宫女，全部为始皇殉葬。据史料记载，秦始皇后宫就有上万人为他殉葬。

殉葬这个制度很早之前就有，但是如此规模的殉葬既是空前的，也是绝后的。

为了免遭盗墓者侵扰，让秦始皇在地下永享安宁，胡亥又想了一个相当残酷的办法：凡是参与过皇陵修建的工匠都要为秦始皇陪葬。这也可能是历史对秦始皇陵的结构毫无记载的重要原因。除此之外，陪葬的殉葬物也是极多的。经过近几十年的考古发掘和研究，人们已对秦始皇陵有了进一步的了解。整个秦始皇陵园区主要包括五个部分：封土、地宫、城垣、寝殿等附属建筑及陪葬坑。封土，即坟丘，它用黄土堆积、夯筑，呈上小下大的方锥体状。

据说，秦始皇陵原来"坟高五十余丈（115米），周边长五余里"。最终，经考古工作者研究，确定了原封土的底部南北长515米，东西宽485米，总面积24.9775万平方米。历经了两千余年的风雨侵蚀，现存封土已比原来小了很多，但高度仍在50米以上，东西长345米，南北宽350米，面积为12.075万平方米。

利用遥感技术、地球物理探测技术现已确认，秦始皇陵的地宫位于封土堆地平面下30米左右，东西长约170米，南北宽约145米，呈矩形。地宫内存在明显的汞异常。物理探测过程中发现了大范围含量较高的汞，且强弱不等，这验证了《史记》中有关秦始皇陵地宫内"以水银为百川、江河、大海"的记载的真实性。

秦始皇陵高大的封冢似一座山峦，林木葱郁，与南面的骊山遥遥相对。墓室位于地宫中央，高15米，东西长约80米，南北宽约50米。墓室周围有一层细夯土质地的巨大宫墙，夯层厚约6~8厘米，宫墙高度为30米，顶端比秦代当时的地面要高。地宫内有东西两条墓道，还有十分发达的排水系统，以保证内部的干燥。

根据考古工作者的介绍，秦始皇陵高大的封土四周有内外两道城垣，不过现在已经看不到了，目前仅存墙基。经勘测，内城和外城均呈南北向的长方形。内城南北长1355米，东西宽580米。外城南北长2165米，东西宽940米。内外城四面都有门，门上有阙楼，规模之宏大，耗费之巨大堪称世界之最。

根据众多考古发现，秦始皇陵园的整个建筑布局都模拟了始皇生前居住的京城的格局，只是将他的王国从地上搬到了地下。这也恰恰说明了他强大的占有欲。皇陵里有象征皇宫的地宫，也有象征京城的宫城和外廓城。再加上地宫内具有的百官位次及无数奇器珍怪，构成了一幅"千古一帝"的理想宫城图。

大秦帝国以及秦始皇的统治时间并不长，却创造了一项又一项的世界奇迹。除了长城，兵马俑作为历史文化的瑰宝，被发现后，引起了中外考古界的一致震惊。

三个兵马俑坑出土的陶俑、陶马和真人真马大小相似，形态逼真，它们的排列是按照当时的军阵编组的。一号坑是以战车与步兵组合排列的长方阵；二号坑为战车、骑兵、步兵混合编组的曲尺形军阵；三号坑的陶俑夹道排列，是统率一、二号坑军队的指挥部。三个坑构成了秦国强大军队的一个缩影。

军队作为最主要的国家机器之一，都有明确的编制。古代军队的编列一般分左、中、右三军，军队驻扎的地方称作"壁垒"。因而，一号俑坑可视为右军的"壁垒"，二号俑坑为左军的"壁垒"，三号俑坑是指挥部。中军坑则是个半成品，多半是秦朝末年起义军的破坏所致。

从俑坑出土兵器上刻的纪年看，最早的是始皇三年，最晚的为始皇十九年。这说明兵器放进俑坑的时间最早不会超过公元前228年。此时距秦始皇统一中国已有七年，结合兵器刻辞分析，兵马俑坑的修建工程很可能始于统一后不久。工程持续到公元前209年，大约费时十年。

已经出土的陈列在西安城外的兵马俑坑呈品字形排列，共有陶俑、陶马八千件，战车百乘，以及实物兵器数万件。坑里的每一件东西，不管是人物雕像还是各种手工制品，都可谓是精品中的精品。数以千计的高大的兵马俑群，其规模的宏伟、气势的磅礴，在中国和世界雕塑史上都十分罕见。

在秦始皇陵墓的修建过程中，为了保证陵墓的修建质量和艺术性，被选中建造、雕刻的工人全部都是当时著名的能工巧匠。地宫中的兵马俑多姿多彩、形态逼真，充满个性化特征，具有经久的艺术魅力，表现了古代中国人民在艺术创造上的卓越才能。

兵马俑形象、生动地再现了秦王朝军队训练有素、兵强马壮的情景，显示了秦王朝横扫六合、威震天下的军事力量及其雄伟的气势，被誉为"世界第八大历史奇迹"。

说回秦二世胡亥。残暴的胡亥，在大兴土木、榨取劳动人民血汗和恣肆挥霍、穷奢极欲方面，比秦始皇更甚。他除了继续建造秦始皇陵，还不顾现实地继续修建未及竣工的阿房宫。

除了大兴土木，胡亥最喜欢的就是游猎了。为了能愉快地享受游猎的乐趣，他大手一批就调了五万步兵，专门帮他养宠物，养完了就杀。秦二世的残暴性格大大地加速了秦朝的灭亡。

为了练习射猎，胡亥还划出大片土地，派人豢养了大量狗、马。为了养活这些动物，他甚至还下令，一般人不得食用咸阳周围三百里内的粮食，以专门供给射猎士兵和禽兽。同时，他又向各郡县征发粮草，并规定输送人员要自备干粮。由于路途艰难，加上饥饿、劳累，役夫伤亡不计其数。

皇帝昏庸腐朽，如果有治世能臣的话，社稷也可一息尚存。比起昏庸而贪婪的二世胡亥，丞相李斯还有一定的政治眼光和统治经验。他见胡亥骄奢无度，秦王朝岌岌可危，几次劝谏，可胡亥从来不听。

李斯见几次劝谏根本没有成效，反而惹得胡亥非常厌烦，素来小心谨慎的他怕一句话说错就丢了来之不易的高官厚爵，更怕招来杀身之祸，便不再劝谏，于是国家最后一丝希望也没有了。

为了讨好秦二世胡亥，李斯厚着脸皮、昧着良心提出了一套"督责之术"。简单地说，就是严刑酷法加上君主的独断专行。李斯主张用"轻罪重罚"的办法来镇压臣下和百姓，使他们不敢轻举妄动。同时，君主还要独揽大权，驾驭群臣，不能被臣下所影响。这正中胡亥的下怀。

"法""术""势"本为先秦法家所提倡和强调的东西，但先秦法家在肯定严刑峻法的同时，还注重"奖赏"，倡导的是"赏罚并用"，在突出君主权威的同时，还力主对君权有所节制。而李斯的"督责"说，显然是对先秦法家学说的歪曲，尤其是对其中一些致命的弱点做了大肆发挥。

虽然大多数人都对李斯所谓的督责感到不齿，但秦二世胡亥对这种极端独裁专断的统治思想深以为然。他下令严格执行督责之法，凡对人民压榨得酷烈者，就认为是朝廷的得力干将，杀人多者，就称之为"忠臣"。结果国内到处都是受刑而死的人，社会陷入了混乱。

胡亥即位后，虽然他是真正的皇帝，但是在权力的执行上很多要依靠赵高、李斯二人，因此他们俩的权力也在慢慢地无限放大，三个人就这样因互相利用而联合起来。然而这种"三角关系"非常不牢固，由于权力和利益再分配上的不平均，他们之间常常钩心斗角。

赵高身世一直颇有争议，《史记》仅记载其为"诸赵疏远属也"，母亲因触犯刑法被处以刑罚，世世代代地位卑贱，其兄弟几人皆生隐宫。

总之，地位低下的赵高在秦国王宫过着极其悲惨的生活，直到有一天，始皇帝在宫中遇到了他，见他相貌出众、身材高大、力量过人，又精通"狱法"，完全不同于其他宦官，很是喜欢。

赵高就这样在始皇帝的钦点之下做了中车府令，具体职责就是专门为皇家管理车马。在服侍始皇帝的时间里，始皇帝还让他当上了公子胡亥的老师，教胡亥判案断狱，从此赵高一路平步青云。经过沙丘之变，赵高逐渐成为执掌秦王朝大权的几个重要人物之一。

做了宫廷郎中令之后，所有大臣的进出均受赵高的控制，他的权力越来越大。但是他自知自己地位低贱，在朝廷中结怨甚广，又有身体缺陷，长久的压抑让他常常疑神疑鬼，并且十分惧怕大臣们在胡亥面前说自己的坏话。

胡亥继位后，赵高根据对胡亥的了解，找机会对胡亥说："现在陛下年少继位，若与大臣议事出点差错，朝臣们就会轻视您。不如由我在廷上与朝臣们议事，然后报告给您。这样您就不会在大臣面前有什么过失，他们也就会把您当作英明圣主了。"秦二世本来就不学无术，于是想都不想就同意了。

赵高代为传政的意见批下来后，他就越来越嚣张，不但控制着胡亥，独揽了朝政，宫中大大小小的事儿也都由他定夺。这样一来，本来相互制约的胡亥、李斯、赵高这种三角关系立刻就失去了稳定性，向有利于赵高一方倾斜。很快，李斯和赵高之间就产生了不可调和的矛盾。

李斯作为丞相，看到皇帝胡亥和自己都被赵高架空，所以对赵高的做法多次表现出不满，而赵高也觉得李斯在朝中心腹众多，将李斯视为眼中钉、肉中刺，总想找个机会除掉他。两人便明争暗斗了起来。终于，赵高找到了陷害李斯的机会。

某一天，赵高一本正经地对李斯说："现在农民造反的形势很紧张，皇上却还屡屡征发人力大修阿房宫，无休止地搜集天下玩好之物。我想进谏，但我地位卑贱，实在有些不方便。你为什么不进谏呢？"

李斯一时没明白过来，更不知是计，就说："我早想进谏，可是皇上不上朝，得不到进言的机会啊！"赵高顺势说："你若真想进谏，我给你寻找机会，到时通知你。"

想在秦二世胡亥那儿进谏是非常困难的，胡亥整日身居后宫与嫔妃们宴饮作乐，无暇于政事。赵高非常清楚胡亥的这一生活习惯，便打算在胡亥兴致高涨的时候，约李斯进谏，这样久而久之，胡亥就会怀疑李斯是故意给他难堪，对李斯产生怨恨。

不出意外，赵高针对李斯的阴谋奏效了，在多次看到胡亥对李斯大发脾气后，他为了置李斯于死地，还不忘在原定的计划上火上浇油：丞相参与了沙丘之谋，现在陛下做了皇帝，李斯的地位并没有提高，所以他想裂土封王，希望陛下小心李斯这种奸臣的不轨行为。胡亥一听，脸上带出震惊之色。

善于察言观色的赵高看到自己诬告李斯谋反后，胡亥非常震惊，便又接着说道："李斯长子李由任三川郡守，陈胜的军队过三川，李却不肯出击。而且我还听说李斯父子与陈胜之间有文书往来，我因为还没有拿到实证，所以一直没敢奏报。据一些忠臣说，丞相在外边的权力可比陛下还要大啊！"

从古至今，任何一位皇帝对谋反都是不能容忍的，秦二世胡亥更是如此。听到赵高提到陈胜和李斯私下勾结后，他立刻派人对李斯展开了调查。李斯这个时候才感到事情不妙，便立即上书秦二世，揭发赵高的劣迹，并且建议除掉赵高。

可惜李斯此时做这些已经太晚了，早已对赵高言听计从的胡亥怎么能相信李斯的这些对赵高不利的话语呢？胡亥立刻把李斯状告赵高的话告诉了赵高，并下令逮捕李斯，即日公开审讯。先出手的赵高此时已经占尽了先机，接下来李斯的命运完全掌握在了他的手里。

为了彻底查清李斯的谋反罪行，胡亥只派了赵高去审问，这下李斯的下场可想而知。

作为主审官的赵高对付李斯的办法很简单，就是严刑逼供，用李斯发明出来的刑具对付他自己。李斯曾发明了许多审讯工具，没想到这次却被赵高用到了自己身上。经不住酷刑的折磨，李斯承认了赵高指控的谋反罪行。可他仍存一丝侥幸的心理，在狱中向二世上书，希望胡亥亲自过问案情。可胡亥并没有给他这个机会。秦二世二年七月，李斯在咸阳市被当众腰斩，其宗族也被全部诛灭。

李斯的性格弱点注定了他悲剧的一生。他贪图禄位，缺乏气节，在专制政治的旋涡中不敢坚持自己的见解，甘愿与昏君佞臣沆瀣一气。最后，他不仅毁掉了自己前半生的功业，还在权力的角逐中丧生。但不可否认的是，李斯在巩固秦朝政权，维护国家统一，促进经济和文化的发展等方面做出了卓越的贡献，他对文字、律法、货币、度量衡、车轨统一等方面付出的努力是不可磨灭的。

李斯死了，他所担任的丞相之位暂时空缺下来，综观文武百官，只有赵高是最可信赖的人。于是秦二世便即刻下令，任命赵高为大秦王朝的丞相。由于他是宦官，可以出入内宫，因此，他被称为"中丞相"，成了历史上宦官参政而且平步青云最终官至丞相的奇人。

赵高当上丞相之后，一方面权力越来越大；另一方面，代替秦二世处理政事也越来越名正言顺。朝中大臣对他充满了畏惧，在他面前都小心翼翼，唯恐说错一句话、做错一件事儿而"脑袋搬家"。从此，由秦始皇一手开创的秦国政治体系彻底变为赵高独裁统治，国家危在旦夕。

当上丞相的赵高仍然不满足，他甚至想把天下改姓赵。为此，他首先利用手中的权力和在胡亥身边的影响力，顺利地安排亲信控制了中央的要害部门。他任命女婿阎乐为咸阳令，弟弟赵成为郎中令，掌握了京师和皇宫的卫队。随后，他开始试探群臣的意向。

一天，赵高趁群臣朝贺之时，命人牵来一头鹿献给胡亥，说："臣进献一匹马供陛下赏玩。"胡亥虽糊涂，但鹿与马还是分得清的，于是说道："丞相错了，这明明是鹿，怎么说是马呢？"赵高听完，便征求大臣们的意见，问左右文武百官到底是鹿还是马。结果，有的回答是鹿，有的为了阿谀奉承赵高，回答是马，还有的则沉默不语。事后，赵高对言鹿者一一加以陷害。从此，群臣都开始三缄其口。

"指鹿为马"闹剧结束后，群臣面对赵高的淫威都选择明哲保身，朝廷暂时陷入了前所未有的平静。然而此时的咸阳城外却一点也不平静。刘邦、项羽率领的起义军已席卷关东，并向关中进军。

当刘邦的军队攻至武关的消息传到咸阳宫内时，秦二世才如梦初醒。他急忙派人去找赵高，商量对策。见风使舵的赵高知道大势已去，于是当机立断，下令动手除掉二世。赵高让弟弟赵成做内应，女婿阎乐率领部属攻打二世居住的望夷宫。行动之前，狡诈又心狠手辣的赵高怕女婿有变，便悄悄地将阎乐之母扣为人质。

阎乐很顺利地打进了望夷宫，抓获了秦二世。糊涂的胡亥请求面见赵高，阎乐不答应又请求封给他一个郡，让他做一个郡王，阎乐也不答应。后来，胡亥又表示自己只要当一个万户侯，阎乐仍不准。无奈之下，胡亥最后请求让他与皇后去当普通的老百姓，阎乐再次予以拒绝。最后，走投无路的胡亥只得被迫自尽。

秦二世一死，一心想当皇帝的赵高就把玉玺佩戴在自己身上想过把皇帝瘾。但一直对赵高恨之入骨的文武百官见赵高居然嚣张得戴上了玉玺，便实在忍无可忍地在朝堂上议论起来。赵高也知道民心所向这个词，无奈之下，他只好再安排颗棋子在皇帝的龙椅上，而这个时候的最佳人选便是二世的侄子——子婴。

但此时秦的力量已大为削弱，于是，子婴只得取消帝号，复称秦王。

虽然子婴没有称帝，但是称王也要有王的样子。为了能让子婴的继位合理、合法、体面，他专门为子婴安排了授玺仪式，并通知子婴去参加。而子婴早就痛恨赵高窃取秦王朝的权柄，这时又听说赵高暗中派人与刘邦联系，想在关中自立为王，就决心除掉赵高。

子婴与儿子商议，准备不去宗庙，诱使赵高上门，然后将其杀死。有计划就有希望，果真事情的发展都在预料之中，回去催促子婴的赵高被伏兵乱剑刺死，属于赵高的时代彻底结束了。由于赵高种种卑劣行径早已犯了众怒，在众大臣的一致要求下，杀了赵高的子婴又下令诛灭了赵高三族，并将他们暴尸街头。

奸臣虽然被除掉了，但是早已腐朽不堪的秦王朝仍然阻止不了灭亡的趋势。反秦义军兵临城下之时，子婴毫无抵抗能力，于是在称王四十六天之后，乖乖地投降了。公元前207年冬，当年由秦始皇开创的威风凛凛、一扫六合的大秦帝国彻底覆灭于义军手中，秦朝历史彻底结束。

秦朝灭亡的事实，给社会和各阶层人民以深刻的警醒。在秦始皇"家天下"思想的影响下，他和二世胡亥都以所谓的"天子"自居，认为百姓就是自己的私人财产，可以任由他们掠夺索取，却没想到会被老百姓给推翻取而代之。其实，国家之兴亡，君主之威辱，官吏之贵贱，一切的一切都取决于民心的向背。

但抛开秦王朝的功过，它的存在本身就具有重大意义。它带领中国走进了长达两千多年的封建社会，特别是秦王朝统治期间，建筑业、农业、商业都得到了发展，制度建立得也相当完善，对后世极有参考价值。

从商鞅变法开始，秦国的领导人都十分重视律法，尤其在嬴政重用韩非之后，在治国方略中重视法家理论，形成了"缘法而治"的传统。法令一经颁布，包括君主在内，都不得随意更改，都必须遵法、守法。韩非还明确提出了"法不阿贵"的理念。

秦昭襄王时期，秦法中的《厩苑律》规定每年正月、四月、七月、十月，由政府安排考察耕牛喂养状况，对牛喂养得好的，加以奖励，对喂养不好的，给予处罚。所以当秦昭襄王听说百姓要为他宰杀耕牛祈祷时很不高兴，并解释道："法律规定如此，必须依法行事，不能让制度成了口号！"这样一来，他的威信更高了。

在秦国历代开明君主的努力之下，秦国逐渐形成了"路不拾遗，夜不闭户"的良好社会风气，人民对国家的忠诚和认同感也达到空前的高度。秦朝统一六国后，各民族加速交流融合，文化、艺术、科学都得到了长足发展。

在春秋战国的社会大变革中，学术思想界出现了诸子并起、学派林立、相互驳难的空前繁荣的文化景象。各个学派的代表人物纷纷著书立说、各抒胸臆，有的议论政治，有的阐述哲理，进行思想上的交锋，后世称之为"百家争鸣"。这些学派间的学术争论看似混乱不堪，却为文化的大发展、大繁荣提供了活力。

西汉初期的司马谈（即司马迁的父亲），曾将"诸子百家"总括为阴阳、儒、墨、法、名、道六家。虽然各人有各人的看法，各家有各家的道理，但对于历史的研究也因思路的不同呈现出了精彩纷呈的局面。

在包括儒、道、阴阳、法、名、墨、纵横、杂、农、小说等学派的诸子百家中，对后世影响最大的要数儒家了。战国时期，儒家的代表人物是孟子和荀子，这两人的作品，对时局的判断相当到位。这些文学家不仅仅是文学家，还是思想家、政治家，对各行各业的发展都起到了推动作用。

墨家思想在春秋战国时期非常受欢迎，占据了相当大的一部分市场。墨家的创始人为春秋末战国初的墨翟。墨子及他的墨家思想，主张"兼爱""非攻"，反对战争。

墨家反对旧的贵族世卿世禄制度；主张"尚同"，希望有一个贤德的国君；还主张"节葬""节用"，反对儒家的"厚葬"和权贵们的铺张浪费。墨子及其门徒在天文、物理、数学等方面的研究也都卓有成效。

道家思想在当时也曾经辉煌一时，道家提出：道法自然。这句话的深层意思和现代社会的和谐有异曲同工之妙，简单道出了人与自然、宇宙的本质联系。道家"道"的本义是人走的道路，引申为规律、原理、宇宙的本源等意思。先秦诸子中以"道"为思想核心的学派，被称为"道家"。

在道家看来，人生在世，受到无数外在的束缚，如肌体之累、声色之乐、利禄之欲、死亡之惧、仁义礼乐之羁等，人生无数的烦恼和痛苦的根源也正在于此，只有超乎于这一切，才能领悟到人生的真谛——道。所以他们讲求"无为"，主张追求个人的精神自由，提出要弃仁背义，废礼毁智。

对于大秦王朝来说，对其影响最深的要数法家思想了。法家主张法治，强调耕战，反对"法先王"，主张建立和巩固新的等级制度。他们将社会秩序、人伦规范等所有的道德范畴之内的东西全部用利害关系去解释，并制定出一整套的体系去规范，以此为出发点，建构起君主专制政治的基本原则。正是由于法家思想的带动，秦朝才能建立起一整套君主集权制的专政制度，这为秦之后两千多年的封建社会发展树立了一个榜样，提供了一个范本。